Е. И. Николаева

ПЕРВАЯ ЭНЦИКЛОПЕДИЯ МАЛЕНЬКОГО ЭРУДИТА

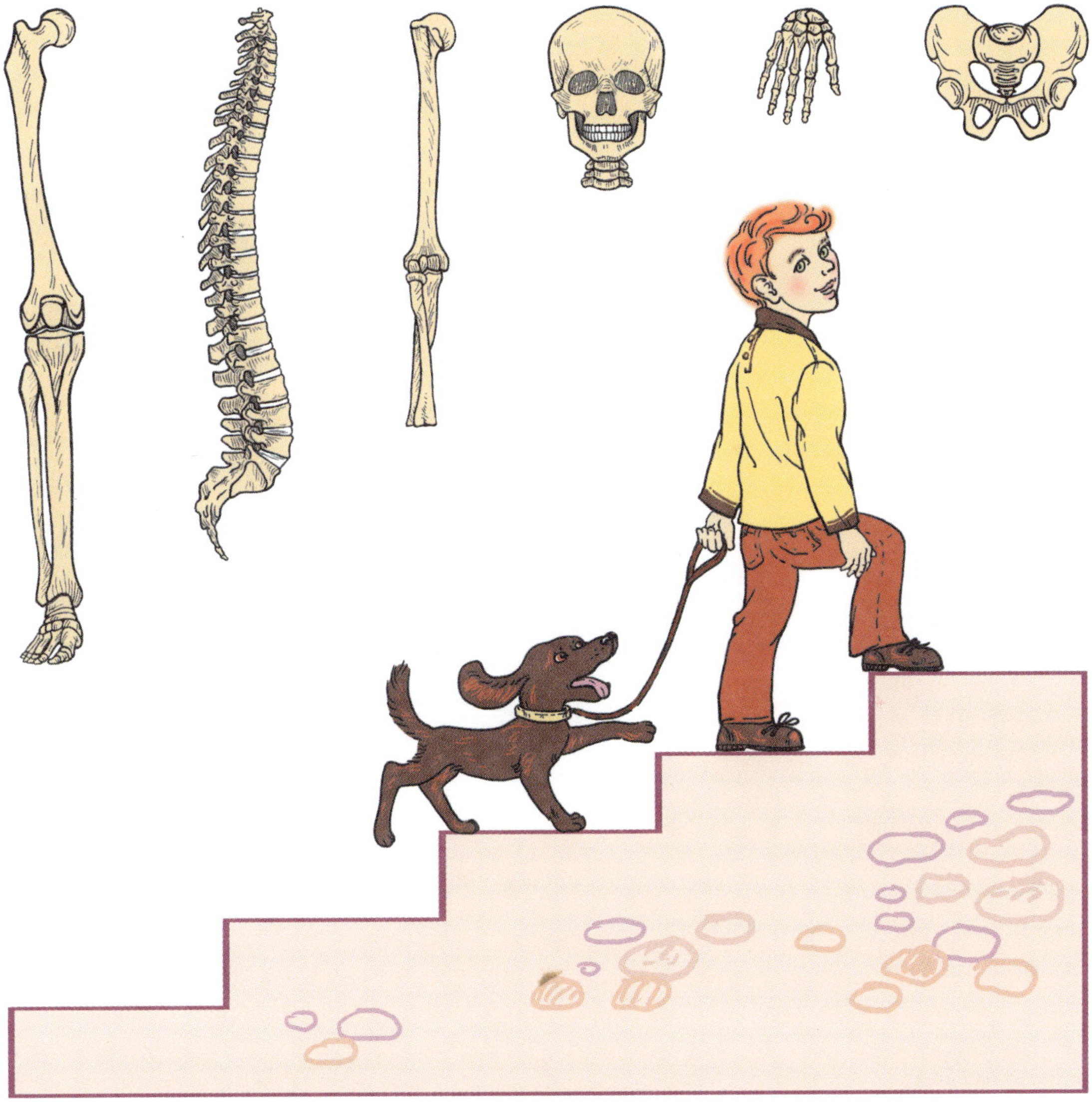

АСТ • Астрель
Москва

УДК 37.01
ББК 74.1
Н63

Художник *Е. И. Николаева*
Компьютерный дизайн обложки *дизайн-студия «Графит»*

Николаева Е. И.
Н63 Первая энциклопедия маленького эрудита / Е. И. Николаева; худ. Е. И. Николаева. — М.: АСТ: Астрель, 2010. — 240 с.: ил.
ISBN 978-5-17-062433-1 (ООО «Издательство АСТ»)
ISBN 978-5-271-25431-4 (ООО «Издательство Астрель»)
Основу книги составляют занимательные и тщательно продуманные задания на логику, внимательность и фантазию, сообразительность и развитие речи, а также интересные сведения об окружающем нас мире.

УДК 37.01
ББК 74.1

Для детей среднего школьного возраста

Е. И. Николаева

ПЕРВАЯ ЭНЦИКЛОПЕДИЯ МАЛЕНЬКОГО ЭРУДИТА

Зав. редакцией *Е. М. Иванова*
Редактор *М. С. Фетисова*
Технический редактор *Г. А. Этманова*
Компьютерный дизайн и верстка *А. П. Зотовой*

Общероссийский классификатор продукции ОК-005-93, том 2, 953000 – книги, брошюры.
Санитарно-эпидемиологическое заключение № 77.99.60.953.Д.014255.12.08. от 23.12.2008 г.
Подписано в печать 10.11.2009 г. Формат 60×90/8. Усл. печ. л. 30,0. Тираж 10 000 экз. Заказ № 2281

ООО «Издательство АСТ» 141100, РФ, Московская обл., г. Щелково, ул. Заречная, д. 96
ООО «Издательство Астрель» 129085, г. Москва, проезд Ольминского, д. 3а
Вся информация о книгах и авторах Издательской группы «АСТ» на сайте: www.ast.ru

По вопросам оптовой покупки книг Издательской группы «АСТ»
обращаться по адресу: г. Москва, Звездный бульвар, 21 (7 этаж).Тел.: 615-01-01, 232-17-16
Заказ книг по почте: 123022, Москва, а/я 71, «Книга – почтой», или на сайте shop.avanta.ru

Отпечатано с электронного носителя в ОАО «Первая Образцовая типография».
115054, Москва, Валовая, 28

ISBN 978-5-17-062433-1 (ООО «Издательство АСТ»)
ISBN 978-5-271-25431-4 (ООО «Издательство Астрель»)

Земля

Как меняются времена года?
Что находится внутри земли?
О чём могут рассказать камни?
Как образуются облака?

Растения

Из каких частей состоит растение?
Чем французский сад отличается
от японского?
Сколько лет может жить дерево?
Как путешествуют семена?

Животные

Кто такие беспозвоночные?
Из чего моллюски строят раковины?
В чём польза хищников?
Откладывают ли звери яйца?

Человек

Для чего нужны мышцы?
Сколько костей в человеческом теле?
Сколько ударов в минуту
совершает сердце?
Как устроены глаза?

Солнечная семейка

По сравнению с Солнцем, Земля, как и другие 8 планет Солнечной системы, — песчинка. Наглядно Солнечную систему можно представить так: если Солнце сравнить с крупным грейпфрутом диаметром 10 сантиметров, тогда Землю мы увидим в виде макового зерна, удалённого от грейпфрута на расстояние 10 метров; Юпитер, размером с вишню, будет находиться в 50 метрах, а в 300 метрах — Нептун, сравнимый с зёрнышком пшена.

Расшифруй названия планет Солнечной системы, написанные на инопланетном языке.

Наша планета Земля

Земля — планета, где все мы живем. На Земле есть суша и вода. Она получает свет и тепло от Солнца. У Земли есть спутник — Луна. Земля — единственная известная планета, на которой есть жизнь. Многие полагают, что и на других планетах есть жизнь, но научно это пока не установлено.

Помоги космическому кораблю долететь до Земли. Если ты выберешь правильные ответы, то сможешь составить слово и узнать, что пока не обнаружили учёные на других планетах.

Танец Земли

Наша планета вертится вокруг Солнца и при этом ещё и сама вращается. На освещённой стороне Земли — день, а на тёмной — ночь. Полный оборот вокруг своей оси Земля совершает за сутки, или 24 часа. А что было бы если бы Земля всегда была повернута к Солнцу одной стороной? Исчезнет отсчет времени по суткам и годам: не будет ни дня, ни ночи, ни зимы, ни лета. Освещённая часть нагреется до температуры более 100 °С, а темная охладится до –170 °С. Океаны исчезнут: с одной стороны вся вода испарится, а на другой — замёрзнет, а в переходной зоне из-за перепада температур будут происходить постоянные катаклизмы (ураганы, наводнения, землетрясения). Поэтому вращение Земли имеет огромное значение для существования жизни на планете.

С помощью «часовой сетки» определи, сколько времени в заданных географических точках.

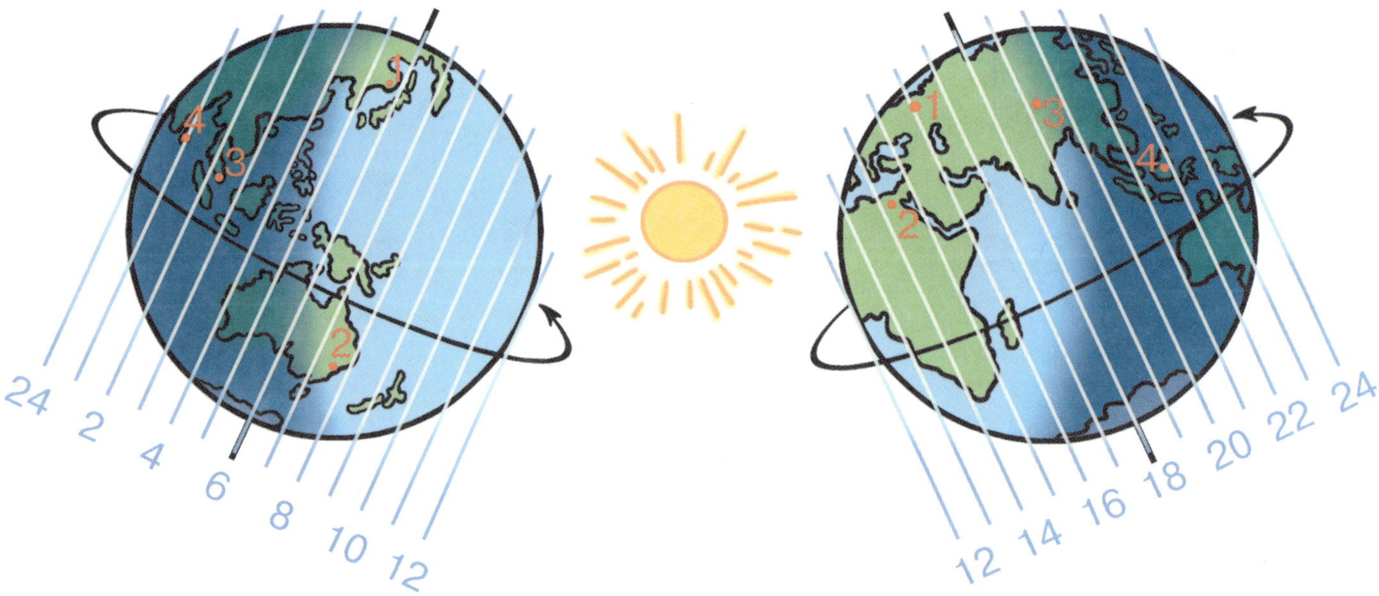

1. Владивосток ....
2. Сидней ....
3. Сингапур ....
4. остров Шри-Ланка ....

1. Москва ....
2. Каир ....
3. Иркутск ....
4. остров Калиман..........................

Как лето с зимой меняются

Земле нужен целый год (365 дней), чтобы сделать оборот вокруг Солнца. Смена времён года происходит из-за того, что ось вращения Земли наклонена; от этого разные участки получают разное количество света. Когда Земля наклонена к Солнцу Северным полюсом, в Северном полушарии лето, а в Южном — зима, и наоборот.

На этих картинках спрятались буквы, из которых ты можешь составить названия месяцев четырех времен года.

А что внутри?

Наша планета покрыта земной корой, её толщина — около 5 километров под океанами и до 70 километров — под сушей. Под корой — полурасплавленная мантия, которая обволакивает твердое ядро. Трещины разделяют земную кору на тектонические плиты. Когда они сдвигаются, земная кора смещается в складки гор, а когда раздвигаются, из-под коры поднимается волна магмы. Она вырывается наружу через жерла вулканов.

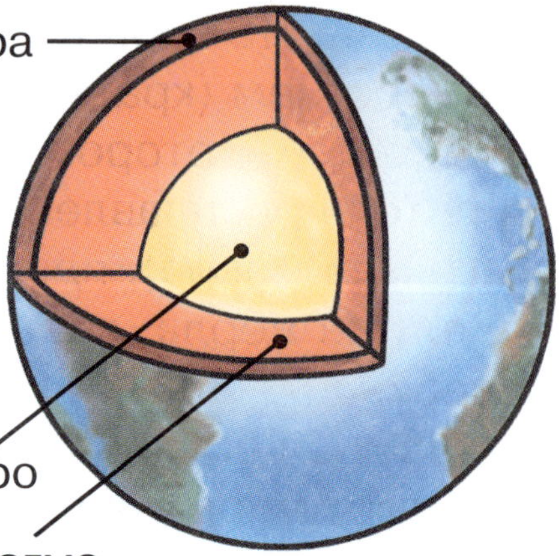

Для формирования слоев Земли потребовались миллионы лет, а ты можешь сделать свою модель слоев всего за 4 дня!

Что потребуется:

стакан или глубокая тарелка;
3 упаковки пищевого желе жёлтого, оранжевого и красного цветов.

ЭКСПЕРИМЕНТ

1 день. Сделай жёлтое желе (следуя инструкции на упаковке), залей его в стакан или прозрачную глубокую тарелку и поставь в холодильник.

2 день. Добавь оранжевое желе и заморозь.

3 день. Добавь тонкий слой красного желе с кусочками фруктов и орехов и заморозь.

4 день. Достань свое творение из холодильника, рассмотри, что получилось, и сравни с изображением Земли в разрезе; определи, какой слой — ядро, какой — магма, а какой — кора. Расскажи друзьям о строении Земли. Наконец, можно приступить к самой вкусной части эксперимента... съесть всё это!

Дыхание Земли

Вулкан — это гора в виде конуса с отверстием (кратером) на вершине, из которого извергаются потоки расплавленных пород (лава или магма), ядовитые газы, пепел. Из жерла, соединяющего поверхность Земли с её недрами, с огромной скоростью и грохотом вылетают многотонные камни — «вулканические бомбы». Охлаждаясь, лава и пепел образуют слои твердой горной породы. Примеры таких вулканических гор — Фудзи (Япония), Везувий (Италия).

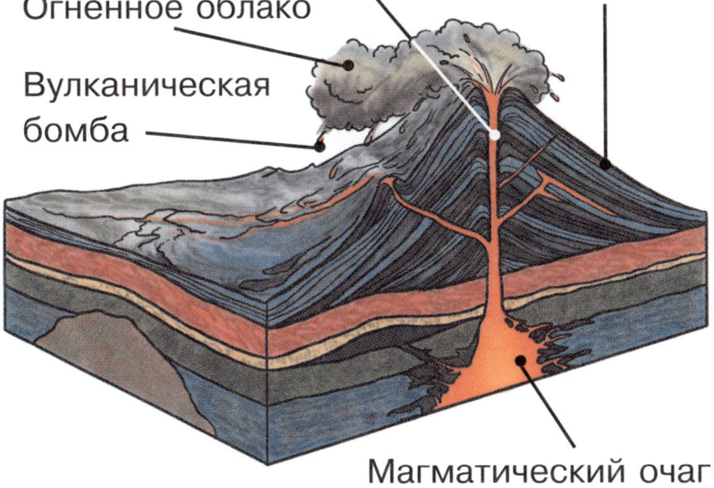

Слово «вулкан» происходит из древнеримских мифов от имени бога огня и кузнечного дела Вулкана.

Что потребуется:

банка; тарелка; песок; уксус; пищевой краситель; сода.

ЭКСПЕРИМЕНТ

Поставь небольшую банку в центр тарелки и вокруг этой банки сформируй гору, используя для этой цели песок или землю. **Внимание!** Песок или земля НЕ должны попасть ВНУТРЬ банки! Затем наполни банку на $^3/_4$ уксусом (не эссенцией), после этого добавь четыре капли красного пищевого красителя в уксус и перемешай. Теперь добавляй небольшое количество пищевой соды в банку до тех пор, пока эта смесь не начнёт переливаться через край банки, имитируя вулкан!

Опасное соседство

Человек заселил практически все зоны суши, места с горами и вулканами не стали исключением. Проживание рядом с вулканом, даже дремлющим, небезопасно, но сегодня у человека есть приборы, замеряющие геологическую активность, они могут заранее зафиксировать надвигающуюся опасность. Но так было не всегда, достаточно вспомнить трагедию в одночасье погребённых Помпей. Это самое крупное извержение в истории произошло в 1883 г. Этот взрыв расколол остров, и двух третей его не стало. Пепел был выброшен на высоту нескольких километров и почти дважды облетел Землю. Повсюду наблюдалось сильное помутнение атмосферы и как следствие — похолодание на несколько градусов, а утренние и вечерние зори отличались необыкновенной яркостью.

Пройди по лабиринту, но буквы читай только в тех облаках, где числа делятся на три, и ты узнаешь название вулкана, потрясшего мир в 1883 г.

Загадочные отпечатки

Окаменелости — это остатки растений и животных прошлых геологических эпох, которые сохранились в осадочных породах. Многие окаменелости настолько крошечные, что их невозможно разглядеть, другие огромны и могут быть размером с динозавра.

Соедини цифры по порядку, и ты узнаешь, чей отпечаток на осадочной породе исследуют юные геологи. Раскрась рисунок.

Просто булыжник?

Кусок холодного тяжелого булыжника... ничего интересного... Тем не менее геологи именно по камням (горным породам) восстанавливают захватывающую историю гор. Существует три типа горных пород:

Осадочные состоят из маленьких частиц и останков (скелетов, панцирей) мелких животных, которые миллионы лет назад осели на дне океана и постепенно затвердели, например известняк.

Метаморфические формируются из осадочных или магматических пород, погребённых глубоко под землёй и нагретых до очень высоких температур, либо подвергшихся огромному давлению, а также воздействию горячих газов и растворов, поднимающихся из мантии Земли, в результате этого происходит метаморфоз (превращение). Например, когда через известняк проходит магма, он может спекаться в мрамор.

Магматические образуются из расплавленной магмы. Магматические породы, образующиеся на больших глубинах в земной коре, называют плутоническими. Распространенный представитель этой группы — гранит, состоящий из кварца, слюды, полевого шпата и амфибола. К вулканическим породам, формирующимся на поверхности, относятся базальт и пемза.

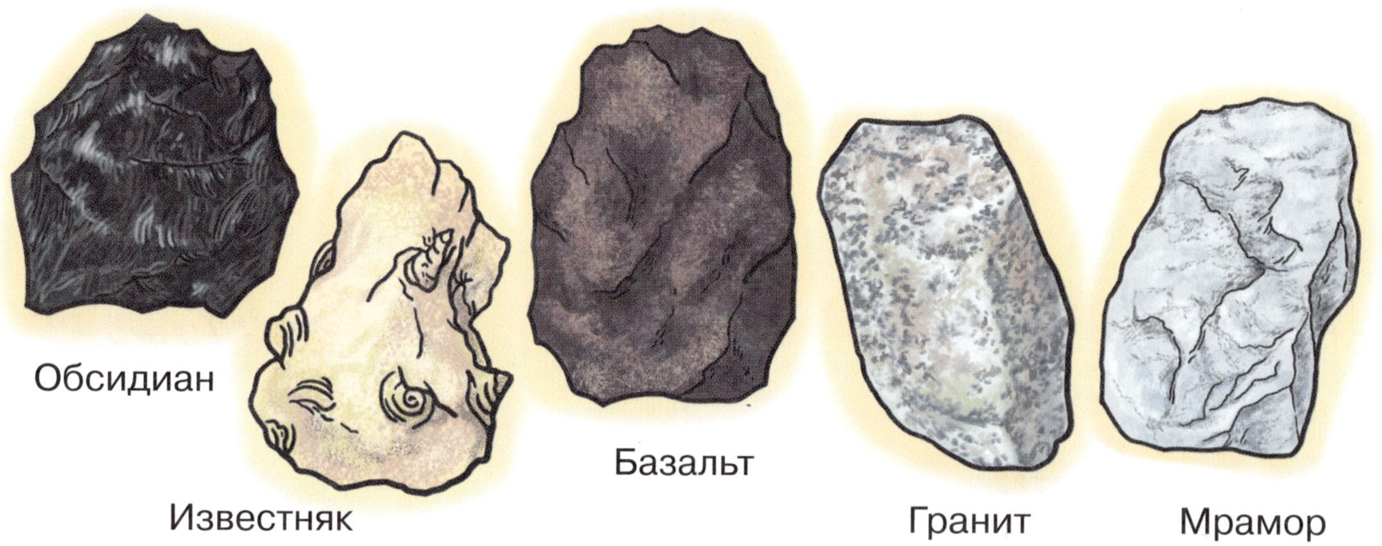

«Разложи» камни в ячейки. Для этого вырежи рисунки камней со страниц 12 и 13, по описанию определи, к какому типу горной породы они относятся, и приклей в соответствующий ряд.

Базальт — это затвердевшая лава.

Гранит содержит различные кристаллы, в том числе кварц.

Известняк состоит из останков животных, их скелетов и панцирей.

Мел — это белый, очень хрупкий известняк.

Мрамор — метаморфизированный известняк.

Обсидиан — вулканическое стекло, очень быстро затвердевшая лава.

Песчаник состоит из маленьких частиц песка.

Полосатый гнейс образуется из гранита.

Сланец состоит из тонких слоев, которые образуются при сильном давлении.

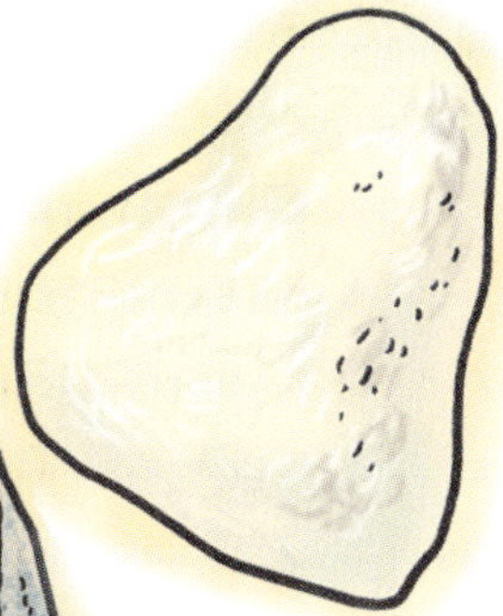

Мел

Песчаник

Гнейс

Сланец

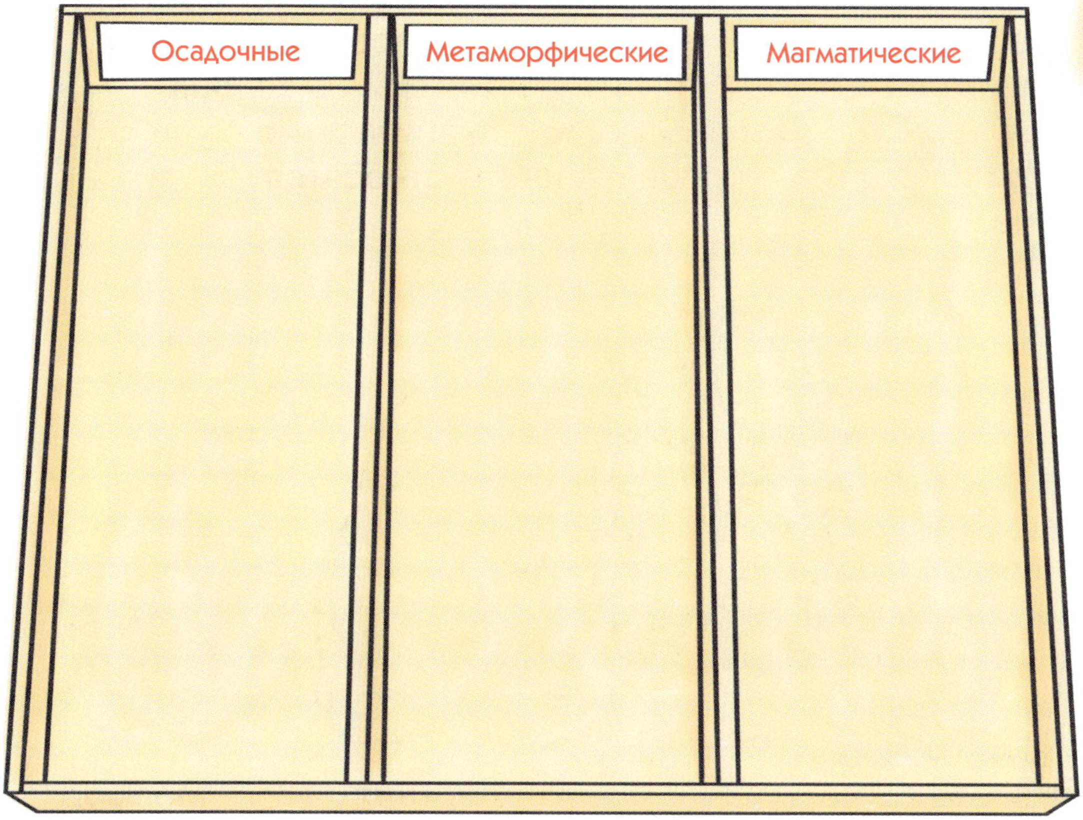

По морям, по волнам

Некоторые вещества, такие как спирт или мыло, уменьшают поверхностное натяжение воды, препятствуя притяжению молекул друг к другу. Если их добавить в воду рядом с плавающим предметом, более сильное молекулярное притяжение на другой стороне заставляет предмет продвигаться вперед.

Что потребуется:

ёмкость с водой; скрепка; кусочек фольги; пипетка; спирт.

ЭКСПЕРИМЕНТ

1. Оберни скрепку фольгой, чтобы поверхность «лодки» была несколько больше размеров скрепки, так «лодка» будет лучше держаться на воде. Опусти получившуюся «лодку» на воду.
2. Капни одну капельку спирта (чем больше концентрация спирта в растворе, тем лучше эффект) около «лодки», и она поплывёт, так как поверхностное натяжение около неё слабеет, и более сильное притяжение впереди толкнёт «лодку» вперёд.

Ты можешь сделать и так, чтобы «лодка» плавала по кругу. А вместо «лодки» из скрепки и фольги ты можешь испытать в этом эксперименте спичку или крышку от пластиковой бутылки или просто кусочек фольги с выемкой сзади (как на рисунке) и другие предметы, держащиеся на воде, а затем сравнить характер и скорость движения разных предметов на поверхности воды.

Натяжение воды

Молекулы воды имеют тенденцию притягиваться друг к другу. Чем сильнее слепливаются молекулы, тем «прочнее» поверхностное натяжение жидкости. От этого зависит форма поверхности воды — капля, лужица, струя. Чем меньше поверхностное натяжение, тем более летуча жидкость. Если бы вода имела низкое поверхностное натяжение, она бы улетучилась или испарилась. Зрительно это можно увидеть, если медленно наливать в чашку воду до краев, то какое-то время она не будет выливаться через край, и на просвет можно даже увидеть тончайшую пленку, которая не даёт воде вылиться.

Что потребуется:

крупа или любые зёрнышки; чашка с водой.

ЭКСПЕРИМЕНТ

Наполни чашку до краёв водой. Осторожно положи зёрнышки в чашку. Сколько их поместилось в воду до того, как она начала переливаться?

Расшифруй слова и составь из них скороговорку.

Поплывёт или утонет?

Почему одни предметы плавают, а другие тонут? От чего это зависит? Если плотность предмета плотнее воды, то он утонет. А если меньше, то он будет плавать. Кирпич, например, плотнее воды того же объёма, поэтому он утонет, а кусочек дерева будет плавать.

Посмотри на эти предметы и обведи те из них, которые не утонут. Попробуй объяснить своими словами, почему.

Поднимающаяся вода

Вода имеет уникальную способность подниматься вверх по тончайшим трубочкам, вопреки законам земного тяготения. Это явление называется капиллярностью (от лат. «капилля» — волос). Мы встречаемся с явлением капиллярности повсеместно, в жизни природы и деятельности человека, эта необыкновенная способность воды является необходимой составляющей нашей жизни. Капиллярность объясняет тот факт, что вода поднимается по деревьям и растениям. Явление капиллярности применяется в промокательной бумаге и других материалах, используемых для удаления пролитой жидкости.

Что потребуется:

бумажная салфетка; писчая бумага; тряпка; 3 одинаковых стакана; вода; акварель.

ЭКСПЕРИМЕНТ

1. Скрути 3 трубочки-жгута из бумажной салфетки, обыкновенной писчей бумаги (тетрадного листа) и из тряпки.
2. Налей в стаканы равное количество воды, можешь подкрасить воду для большей наглядности акварелью.
3. Опусти одновременно каждый жгут в свой стакан и понаблюдай, по какому из жгутов вода поднимется быстрее всего. Потом попробуй перегнуть один из жгутов через край в другой стакан и посмотри, что будет происходить.

Круговорот воды

Вода — единственный элемент в природе, который может находиться в жидком, твердом и газообразном состоянии. Вся вода на Земле проходит через непрерывный круговой цикл. Она перемещается из океанов в воздух, затем на землю и обратно в океан благодаря процессам испарения, конденсации и выпадения осадков.

Пронумеруй картинки в правильной последовательности.

Испарение воды

Осадки

Конденсация паров в атмосфере

Сток воды в моря и океаны

Как образуются облака?

Причина всему — Солнце. Оно нагревает поверхность планеты, и вода в океанах, озёрах и реках превращается в пар, который перемешивается с воздухом. Поднимающийся вверх теплый воздух распространяет водяной пар в атмосфере. Остывая, воздух отдает часть своего груза, и невидимый водяной пар снова становится водой. Из её капелек и образуются облака.

Нарисуй в пустых квадратиках последовательность жизни облака.

Осадки

Испарение

Конденсация

Конденсация

Если ты возьмешь сухую банку, наполнишь её кубиками льда и поставишь на бумажное полотенце в сухом и тёплом месте, то через 15–20 минут на боковых стенках ты увидишь капельки, некоторые из которых объединились и стекли по стенке банки, а кусочек бумажного полотенца намок. Произошло это потому, что кубики льда внутри банки подтаяли и испарились. Когда водяные пары, находившиеся в более тёплом воздухе за пределами банки, соприкоснулись со стенками холодной банки, частички конденсировались и сформировали водяные капельки.

Подбери антонимы. К какому из этих слов нет антонима?

Выпадение осадков

Когда водяной пар (туман), из которого формируются облака, остывает, он конденсируется. Капли сцепляются с другими мельчайшими частицами в атмосфере, такими как пыль и копоть. Когда эти капли становятся тяжелыми, они выпадают из облака в виде осадков. Это могут быть град, дождь, дождь со снегом или снег, в зависимости от температуры у поверхности земли.

Что потребуется:

банка; плёнка; тёплая вода; кубики льда.

ЭКСПЕРИМЕНТ

Налей тёплой воды в чистую банку. Сверху накрой слоем пищевой упаковочной плёнки (она хорошо прилипает). Убедись, что это покрытие плотно прилипает к банке. При необходимости перетяни плёнку резинкой. Осторожно помести 3–4 кубика льда на поверхность этой плёнки и через 15 минут убери. Не сдвигай плёнку. На её поверхности останется вода от растаявшего льда, а на внутренней поверхности плёнки образуются маленькие капельки воды. Некоторые сольются друг с другом и образуют капли бóльшего размера. Спустя какое-то время они выпадут, как капли дождя проливаются на землю.

Летний дождь вымыл из этих слов гласные буквы. Отгадай, что это за слова. *Подсказка*: все они связаны с водой.

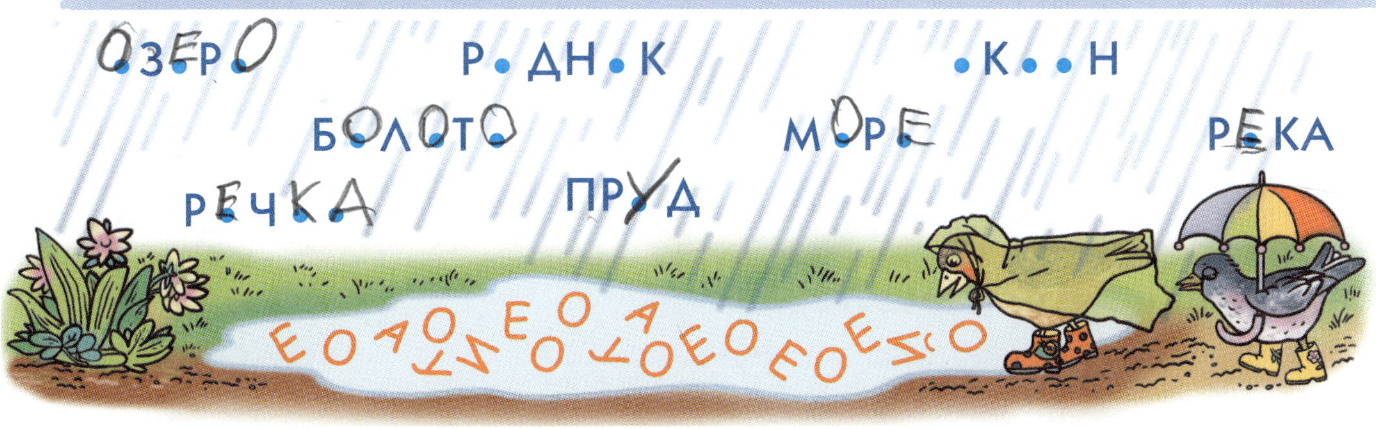

Необычная погода

Дождь, облака, ветер — атмосферные явления, их ежедневное состояние называют погодой. Погода влияет на нашу повседневную жизнь, поэтому для человека важно знать заранее, какая она будет.

За последний месяц наблюдались необычные погодные явления. Нарисуйте погодные символы для каждого дня в таблице.

- Каждый понедельник и вторник шел дождь. Затем в течение следующих трёх дней было солнечно.
- На первые и третьи выходные в течение первого дня было облачно, а на второй день шел снег.
- На вторые и четвертые выходные всё было наоборот.

Солнце

Облачно

Дождь

Снег

пн.	вт.	ср.	чт.	пт.	сб.	вс.
	1	2	3	4	5	6
7	8	9	10	11	12	13
14	15	16	17	18	19	20
21	22	23	24	25	26	27
28	29	30	31	1	2	3

Напишите слова, описывающие погоду в следующие дни:

- На шестой день месяца ....
- На тринадцатый день месяца ....
- В последний день месяца ....

Облака — белогривые лошадки...

Если ты любишь наблюдать за облаками, то, наверное, заметил, что они бывают разными и по цвету и по форме. По этим признакам можно предсказывать погоду.

Подбери к голубым облакам белые (ориентируйся на выделенные линии), и ты сможешь узнать, какие облака какую предвещают погоду.

1. Большие кучевые облака, похожие на вату
2. Тонкие, похожие на перья облака
3. Слои серых облаков, затянувших все небо
4. Высокие, плотные, тёмные тучи с плоским основанием

А. Очень вероятна гроза

Б. Ясно и солнечно

В. Хороший день, но может пойти дождик

Г. Затяжной моросящий дождь

Облака

Кучевое

Дождевое

Перистое

Грозовое

Погодное домино

Вырежи карточки домино, предварительно приклеив страницу на плотную бумагу или на картон.

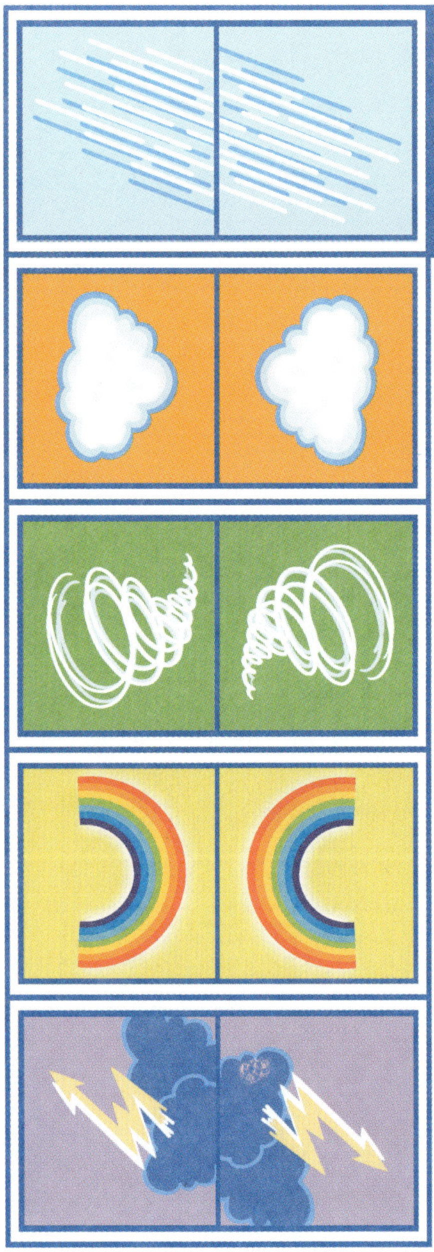

1. Перемешай домино и разложи карточки лицом вниз.
2. Каждый из игроков выбирает себе семь карточек и держит их лицом к себе, никому не показывая.
3. Первый игрок выкладывает одну карточку, а второй игрок, если это возможно, выкладывает карточку, соответствующую данной. Если у игрока такой карточки нет, он тянет домино из оставшейся колоды. Победителем является тот игрок, который первым выложит все свои карточки.

Пример:

Ветер
Радуга
Облако
Молния
Ветер
Облако
Молния
Солнце
Молния
Радуга
Солнце
Дождь
Дождь
Снег
Ветер
Снег
Облако
Радуга
Солнце
Снег
Дождь

Невероятная сила ветра

Ветер — это движущийся воздух. Его можно почувствовать и на поверхности земли, и высоко над нею. Ветер, приобретая форму ураганов или торнадо, может быть чрезвычайно разрушительным. Однако его необыкновенную силу можно использовать и в мирных целях, и он будет давать энергию парусникам, ветряным мельницам и ветряным генераторам, производящим электричество.

Вычеркни в строчках буквы Э, В, Ж, Ю, К, Л, Я, Х, Ш, и ты найдешь 7 слов, обозначающих разновидности ветра.

1	в	т	а	к	л	й	ф	ж	у	н
2	п	э	к	а	л	с	с	ю	а	т
3	ш	в	с	ю	м	к	е	р	к	ч
4	у	р	к	а	л	г	а	ж	ю	н
5	в	ю	т	о	к	р	н	а	д	о
6	ж	э	м	у	л	с	я	с	о	н
7	х	э	б	ю	р	и	в	ш	ю	з

① – ТАЙФУН

1. Тропический циклон штормовой или ураганной силы в Юго-Восточной Азии и на Дальнем Востоке.
2. Постоянный ветер в тропических областях, дующий по направлении к экватору.
3. Американское название торнадо.
4. Буря со скоростью ветра 30–50 м/с.
5. Вихревое движение воздуха в виде воронки или столба.
6. Ветры периодически меняющие свое направление в зависимости от времени года: зимой дуют с суши на море, а летом — с моря на сушу.
7. Местный ветер на берегах морей, озёр и крупных рек. Дневной (или морской) — дует с моря на сушу. Ночной (береговой) — с суши на море.

Куда и откуда дует ветер

Причина возникновения ветра — различие в плотности воздуха, в атмосферном давлении. Ветер дует туда, где плотность воздуха меньше. На берегу моря это можно наблюдать каждый день. В течение дня суша нагревается, а от неё нагревается и воздух. Становясь более легким, он поднимается вверх, а холодный ветер с моря занимает его место. Ночью земля остывает, вода же остается тёплой. И тогда поднимается вверх воздух, находившийся над водой, а ветер уже дует с берега, занимая место тёплого воздуха.

Морской бриз «выдул» из этих слов гласные буквы и мягкие знаки. Догадайся, какие, и прочитай слова. *Подсказка:* все слова связаны с морской темой.

Сделай радугу!!!

Радуга формируется, когда солнечные лучи преломляются в воде, образуя спектр. Радуга — одно из самых красивых явлений природы. Люди уже давно задумывались над её происхождением. Ещё в древности они заметили, что если на пути белого света поставить треугольную призму из стекла, то вместо одного белого мы увидим набор цветов: красный, оранжевый, жёлтый, зелёный, голубой, синий и фиолетовый. Эта полоса цветных линий называется спектром. В воздухе после дождя роль призмы выполняют капельки воды.

Что потребуется:

стеклянная ёмкость;
вода; зеркало;
пластилин;
краски.

ЭКСПЕРИМЕНТ

1. Солнечным днём наполни большую стеклянную ёмкость водой.
2. Затем опусти в воду зеркало.
3. Подвигай это зеркало и найди такое его положение, при котором на стенах комнаты образуется радуга. Можешь зафиксировать положение зеркала пластилином.
4. Дай воде успокоиться для того, чтобы радуга получилась более отчетливой, а потом нарисуй радугу так, как ты её увидел.

Радужный тост

Что потребуется:

1 чашка молока;
4 кусочка белого хлеба;
4 столовые ложки сахара;
4 новые кисточки;
пищевой краситель 4 цветов;
тостер
или микроволновая печь.

Приготовление:

Наполни каждую из четырех чашек на 1/4 молоком. При помощи пищевого красителя сделай молоко в каждой чашке цветным. Теперь нарисуй кисточкой радугу на кусочках хлеба. Посыпь сверху кусочки «радуги» сахаром и поджарь их. Приятного аппетита! А потом можешь раскрасить картинки.

Кружевные красавицы

Снежинка — это мельчайший ледяной кристалл. Преимущественно снежинки бывают шестилучевые, но встречаются трёхлучевые и однолучевые. Это связано с кристаллической структурой льда. Еще в 1637 году французский ученый Рене Декарт точно зарисовал снежинки, а около 160 лет тому назад фотограф А. Сингсон сделал их снимки, с тех пор учёным стали известны более 2000 видов разных форм снежинок. И список их постоянно пополняется. Научное же объяснение формы снежинок появилось в начале 20 столетия, когда исследования с помощью рентгеновских лучей показали, что атомы кислорода и водорода в кристаллах льда располагаются в решётке, состоящей из шестиугольников.

Всё многообразие снежинок можно свести к 8 основным типам — они на рисунке, посмотри на него внимательнее и ответь на вопрос, что между ними общего, и чем они различаются.

Сложи только те числа, которые находятся около неповторяющихся снежинок, и узнаешь, сколько метров снега выпало зимой 1972 г. на перевале Роджерс, на западе Канады, который является основным транспортным путём через Скалистые горы.

Известно что...

В морях и океанах, в пустынях и на лугах, в степях и лесах нас окружают различные виды растений: от микроскопических до гигантских; живущих несколько дней и более 1000 лет. Одни растения удивляют нас своим ароматом или формой, другие дают пищу, материал для изготовления предметов быта, строительства дома.

Прочитай названия растений в словарике и найди их описания.

СЛОВАРИК

Верблюжья колючка
Гигантская водяная лилия
Лиана
Раффлезия
Секвойя

- Её размеры достигают длины Эйфелевой башни, а стебли могут выдержать вес слона.

____

- Диаметр ствола этого растения достигает 8–11 метров, а высота — 83 метров.

____

- Корни этого растения, произрастающего в пустыне, добывают воду с глубины 3–4 метров.

____

- Самое крупное водное растение. Его листья достигают 2 метров в диаметре.

____

- У этого растения-паразита нет корней и листьев, а только огромный цветок диаметром 60 сантиметров до 1 метра — с весьма неприятным запахом.

____

Животные или растения?

Всё, что мы употребляем в пищу, мы получаем от растений или животных.

Определи, что относится к животной пище (обведи в круг), а что — к растительной.

Части растения

Трудно представить себе всё многообразие растений. Это и хвойные вечнозеленые деревья, в том числе самые высокие растения планеты, и миниатюрные ряски; это и подводные жители, и обитатели безводных пустынь; это и растения с удивительными цветками, и растения с плодами причудливой формы. Но при всем разнообразии почти все растения состоят из корня, стебля, цветка, листьев. Каждая часть растения выполняет свою функцию.

Подпиши части растения и соедини линиями изображение частей растения с той функцией, которую они выполняют.

- Я делаю семена.

  ____

- Я поставляю пищу для растения.

  ____

- Я провожу воду и питательные вещества от корней к листьям.

  ____

- Я удерживаю растение в земле.

  ____

СЛОВАРИК

Корень
Лист
Стебель
Цветок

Съедобные части растений

Мы употребляем в пищу многие части растений. Иногда мы едим только плоды, иногда только листья. Также съедобными бывают стебли, корни, семечки.

Соедини линией каждый рисунок с названием той части растения, которую мы употребляем в пищу.

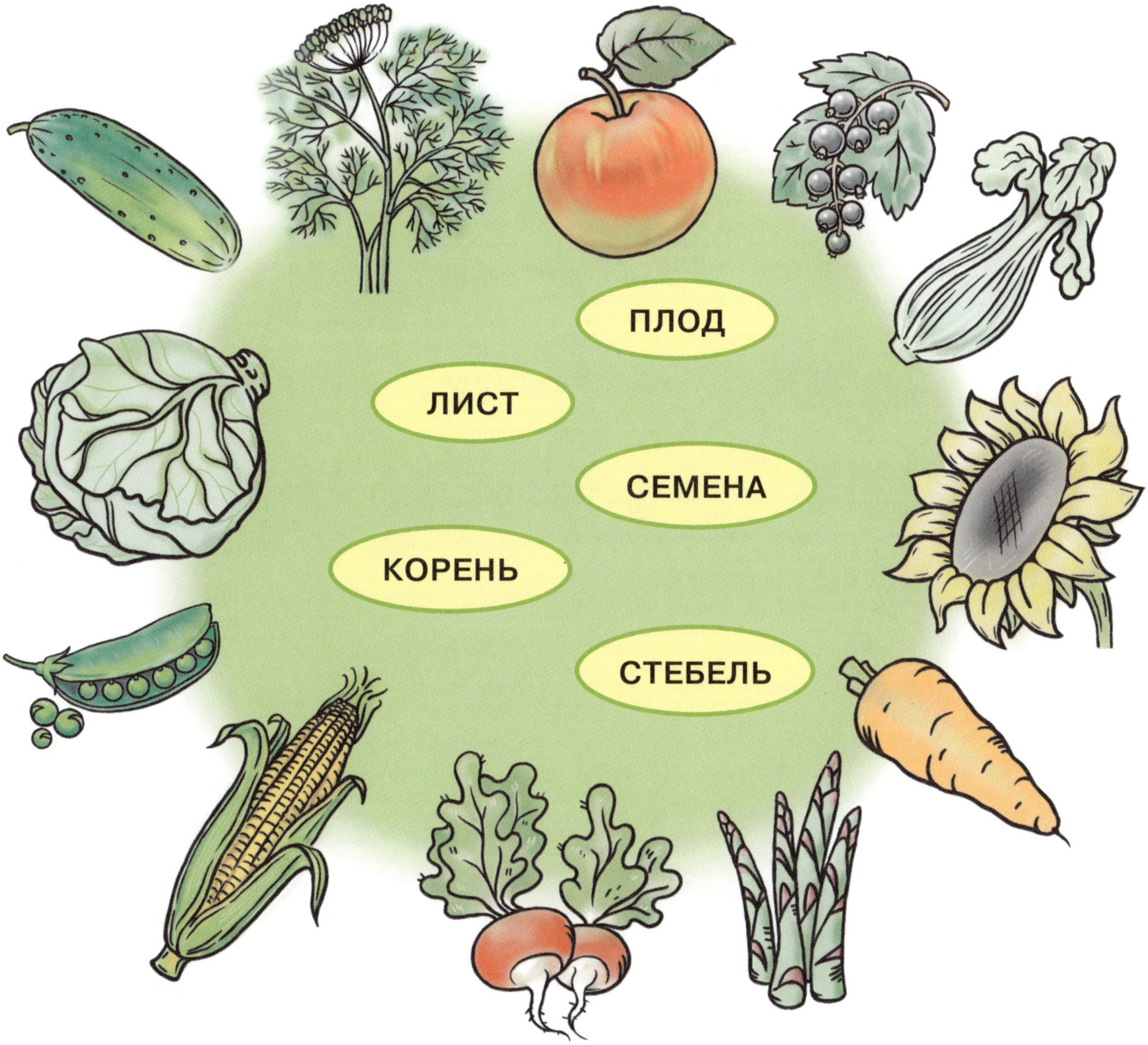

Стебель

Стебель для растения является проводником минеральных веществ и воды от корней к листьям. Он похож на соломинку, по которой под действием атмосферного давления вода поднимается вверх.

Чтобы увидеть это наглядно, проведите эксперимент.

Что потребуется:

2 стебля сельдерея или лопуха длиной 15 см;
2 стеклянных стакана или кружки;
пищевые красители красного и синего цветов;
вода.

ЭКСПЕРИМЕНТ

1. Наполни стаканы на 3/4 водой.
2. Капни 3 капли красного красителя в один, синего — в другой.
3. В каждую банку поставь стебли.
4. Наблюдай за тем, что происходит, и каждый час заноси изменения в таблицу или делай рисунки.

ТАБЛИЦА РЕКОРДОВ	
Красный	Синий

Во саду ли, в огороде...

Из всех творений природы зелёный, содержащий хлорофилл лист — наиболее важная для жизни на Земле структура. Без неё не могли бы существовать человек и другие организмы, ведь именно листья поглощают углекислый газ, а выделяют кислород.

Посмотри на рисунок и скажи, какие растения поменялись листьями?

«Живые картинки»

Вырежи картинки, собери их в правильном порядке друг за другом, пронумеруй и склей, а потом быстро пролистни — ты увидишь, как растет растение. — место склеивания.

Где их только нет

Живя в условиях Крайнего Севера или жаркого Юга, растения приспосабливаются к тяжёлым для выживания условиям. Это даёт им возможность жить при очень низких или при очень высоких температурах почвы и воздуха, при избытке или недостатке освещения и влаги.

Какие цветы растут на лугу, какие в прибрежной зоне, а какие в воде, ты узнаешь, совместив пазл «на берегу», «в воде», «на лугу» с пазлом изображения цветка.

На лугу

Клевер

Гравилат

Незабудка

В воде

Калужница

Кувшинка

Кубышка

На берегу

Гвоздика

Купальница

Стрелолист

Медовый рай

Целый день трудятся пчёлки, летая от цветка к цветку, чтобы собрать нектар, а потом сделать из него мёд. В зависимости от того, с какого цветка пчела соберёт мёд, он будет иметь соответствующее название: липовый, гречишный, подсолнечниковый, рапсовый, лопуховый, луговой, яблоневый, сурепковый, шалфейный и другие виды мёда.

Пройди лабиринт и узнай, с какого цветка соберет мёд пчёлка.

Удивительные растения

Соедини правильно стрелками картинку, название и свойства растения, ты узнаешь, какую пользу приносит каждое.

Шафран

Марена

Соя

- Из его корней добывают изумительную по яркости красную краску — ализарин. В них содержатся вещества, растворяющие камни в почках.
- «Мясное», «молочное», «масляное» растение не только годится в пищу. Из него можно получать резину, топливо для самолётов.
- Из него делали ярко-жёлтую краску для царской одежды. Он — хороший пищевой краситель, а ещё — источник эфирного масла.
- Холодящий вкус этого растения придает зубной пасте свежесть. Приятен и полезен чай из его листьев.
- Ещё древние инки заметили — когда его цветки отцветают, на их месте образуются завязи плодов, которые «зарываются» в землю и там дозревают.
- Из него ткут батист и кружево. Изготавливают ремни для двигателей, пожарные шланги, олифу и растительное масло.

Лён

Мята

Арахис

Цветочные часы

Ещё в Древней Греции и Древнем Риме растения, цветы которых раскрываются и закрываются в определённое время, высаживали на клумбах и использовали в качестве своеобразных часов. В 18 веке шведский ученый Карл Линней подметил периодичность в цветении растений и разработал цветочные часы, которые были «пущены в ход» в городе Упсала.

Проставь на диаграмме время, когда просыпается и когда засыпает каждый из цветов. Столбики диаграммы раскрась.

1. Шиповник с 4–5 ч до 19–20 ч

2. Колокольчик с 4–5 ч до 24 ч

3. Цикорий с 4–5 ч до 15 ч

4. Мак с 5 ч до 15 ч

5. Осот луговой с 5 ч до 22–23 ч

6. Одуванчик с 6 ч до 14–15 ч

7. Картофель с 6 ч до 14–15 ч

8. Кувшинка с 7 ч до 18–19 ч

9. Вьюнок с 8 ч до 19 ч

10. Мать-и-мачеха с 9–10 ч до 18 ч

Откуда они пришли?

Переставь буквы в правильном порядке и впиши рядом с каждым цветком получившиеся названия.

Части дерева

Дерево — типичная форма деревянистых растений, имеющих ствол, корни, листья. Каждая часть дерева выполняет свою определённую функцию.

Соедини стрелочкой и подпиши соответствующую часть дерева и функцию, которую она выполняет. Раскрась рисунок.

СЛОВАРИК

Корень
Крона
Ствол

Я — опора для кроны, передаю питательные вещества от корня к кроне, зимой — хранитель влаги и питательных веществ.

____

Я удерживаю дерево в вертикальном положении и передаю питание из почвы в ствол.

____

Я участвую в фотосинтезе, благодаря мне дерево дышит.

____

Я — дерево

Реши кроссворд.

По горизонтали:

1. Я — богатырь русских лесов, могучий и коренастый. **3.** Из моих прутьев плетут корзинки, сувениры, мебель. **4.** Мои плоды очень кислые. **5.** Я — одна из героинь сказки «Гуси-лебеди». **6.** Самый любимый вами праздник не обходится без меня. **10.** Меня считают символом России. **11.** Я расту и на песках, и на болотах, и на скалах.

По вертикали:

2. У меня очень толстый ствол, чтобы накапливать много воды. **7.** Очень вкусны мои семена-орешки. Их любят не только лесные обитатели, но и люди. **8.** У меня очень подвижные листья, они дрожат даже от слабого ветерка. **9.** Из меня получается вкусный сироп.

Зелёные друзья

Найди спрятанные названия. Это могут быть плодовые деревья или ореховые, некоторые относятся к вечнозелёным. Впиши названия деревьев в соответствующие столбики в таблице.

Плодовые	Ореховые	Вечнозелёные

Где чей плод

Плоды деревьев служат источником пищи не только для животных, но и для человека. Кофе делают из обжаренных семян кофейного дерева, какао и шоколад — из семян шоколадного дерева, пряность гвоздика — это сушёные бутоны гвоздичного дерева, корица — размолотая кора коричневого дерева.

Соедини стрелочками листья и плоды или семена, принадлежащие одному дереву.

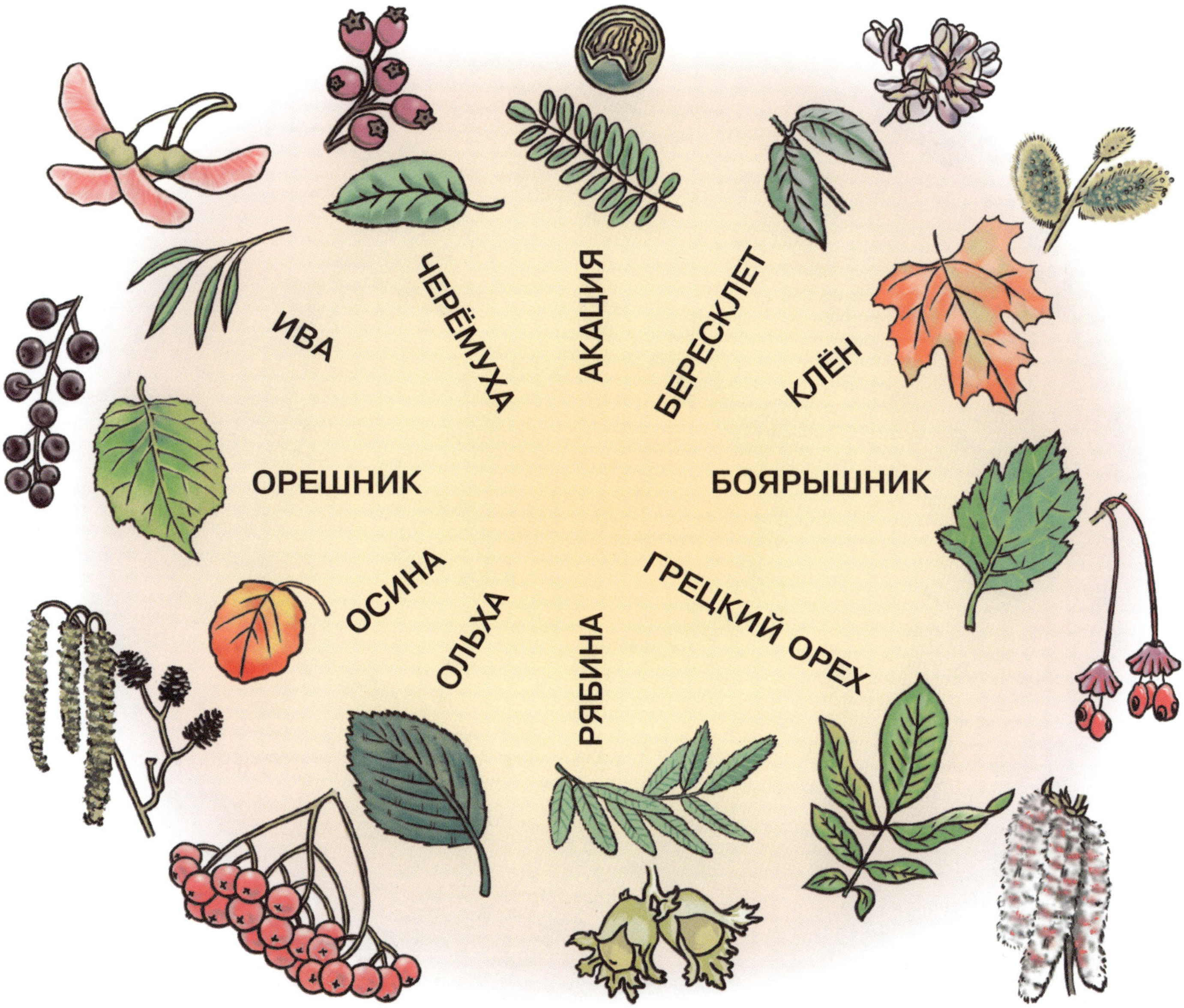

Стоит дерево, цветом зелено

Дерево всегда считалось символом жизни. Это утверждение можно считать верным уже по тому факту, что одно дерево средней величины выделяет за сутки столько кислорода, сколько нужно для дыхания трёх человек. Семена, плоды, цветки, листья, кора деревьев — всё это так или иначе является пищей для человека и животных. Из древесины мы строим дома, а также создаем предметы быта.

Назови предметы, которые «даёт» нам дерево. Прочерти от них путь к дереву.

Определи, сколько яблок и груш на рисунке, посчитав все половинки и все четвертинки груш и яблок, а также целые фрукты.

Впиши названия растений в клеточки, из букв в выделенных клетках составь слово и узнаешь, на чём растут эти плоды.

Поэзия листьев

Хайку — очень популярная в Японии форма стихотворения. Модель этого стихотворения следующая: первая и третья строчки состоят из пяти слогов, вторая — из семи. Обычно хайку сочиняется о природе, например:

Листья с деревьев
Падают, тихо кружа,
Осенний ковер.

Следуя примеру, придумайте собственное пятистишие о деревьях и листьях.

Деревья-долгожители

Хвойные деревья — одни из самых жизнестойких представителей растительного мира. Ещё бы — ведь они пережили катаклизм, который погубил динозавров. И сегодня хвойные деревья произрастают в северных районах Сибири, выдерживая морозы, губительные для других деревьев. А возраст самой старой сосны-долгожительницы — 4900 лет!

Найди в магическом квадрате названия двенадцати деревьев. Впиши названия хвойных деревьев в пустые клетки.

с □ □ □ □ □ □

м □ □ □ □ □ □ □ □ □ □ □

к □ □ □ □ □ □

т □ □

э □ □ □ □ □

п □ □ □ □

т □ □ □ □ □

т □ □

п	и	е	л	ь	в	е	н	н
м	х	л	и	с	т	и	т	и
о	т	а	к	е	д	с	а	ц
ж	ж	е	в	е	р	э	ф	е
с	о	т	с	л	ь	н	и	д
т	с	у	е	к	и	п	к	р
у	н	е	к	в	о	а	р	а
я	а	в	и	к	й	я	и	с

Семена-путешественники

Распространение семян — необходимое условие для существования растений. В процессе эволюции возникло множество приспособлений для этого, самый примитивный способ — самораспространение, при этом расстояние, на которое разбрасываются семена, обычно не превышает 15-20 сантиметров, поэтому такой способ по эффективности значительно уступает другим.

Разгадай кроссворды и ты узнаешь еще о трёх способах, с помощью которых растения распространяют свои семена.

СЛОВАРИК

Берёза	Кокос	Подорожник	Череда
Вишня	Кувшинка	Рогоз	Черёмуха
Водокрас	Лопух	Ромашка	Черника
Ива	Ольха	Тополь	Ясень

Зелёные доктора

В каждом растении скрыта целительная сила. Ещё древнегреческий учёный Гиппократ (460–370 гг. до н. э.) — основоположник современной медицины — считал, что «медицина — есть искусство подражать целебному воздействию природы», что в лекарственных травах заключено всё необходимое для живого организма.

Переставь буквы в словах, и ты узнаешь название десяти лекарственных растений.

- ИКАРПАВ — крововоостанавливающее
- СИТЛЯЧТЕСЫНИК — противовоспалительное
- ИПАЛ — потогонное
- ВОБЕЙЗОР — от 99 недугов
- УДАЛАКЛЕН — антисептическое
- ЯТАМ — успокаивающее
- НОПЫЛЬ — улучшает пищеварение
- КОЖОРОНИДП — ранозаживляющее
- ВУНИЧКОДА — повышает аппетит
- РУПСЫНТИК — успокаивающее

Лечебный яд

Среди растений есть немало ядовитых. У некоторых ядовит сок (очиток, чистотел), у других — семена или ягоды (бересклет, вороний глаз), другие ядовиты только в определённый период (борщевик). Но есть и такие, у которых ядовиты все части (дурман, кирказон). Но человек научился использовать их яд для лечения некоторых заболеваний, поэтому некоторые ядовитые растения тоже являются лекарственными.

Из словарика вычеркни названия неядовитых растений, а в таблицу впиши названия ядовитых. Затем определи, как они выглядят.

1

2

3

4

6

5

7

1									в
2					с				
3							ц		
4			л						
5									к
6				щ					
7					д				а

СЛОВАРИК

Багульник	Беладонна	Бересклет	Боярышник
Баранец	Белена	Болиголов	Брусника
Барбарис	Берёза	Борщевик	Бузина

В лес за орехами

С орехами связано много преданий. Во Франции орехи разбрасывают на свадьбах. Скандинавы ореховыми прутьями погоняли коров, чтобы они лучше доились. Болгары горящей веткой орешника отгоняли от колыбели русалок. Римляне считали грецкий орех символом ума.

Назови, какие орехи нашли белки в дупле. Прочитай, что сказала одна белка другой.

←	⇩	↑	⇦	↖	⬃	↘	⬁	⇳	⬄	⬀	↙	⬂	↗	⇨	↓	⇧	→
А	В	Г	Е	З	И	К	М	О	П	Р	С	Т	У	Ч	Ш	Ы	Я

→		↙	↘	←	⇨	↗		⬄	⇳		⇩	⇦	⬂	↘	←	⬁

⬃		↑	⬀	⇧	↖	↗		⇳	⬀	⇦	↓	↘	⬃

Любимые мишкины ягоды

В каждой корзинке спрятаны ягоды. Поставь буквы в нужном порядке и ты узнаешь, какие ягоды любит мишка. Сосчитав все цветочки, ты узнаешь, сколько месяцев исполнилось маленькому мишке, а сосчитав все ягоды — сколько лет исполнилось его сестре.

Угадай, кто я?

Грибы — это отдельное царство живых организмов. Грибы, которые мы собираем в лесу, — это всего лишь своеобразная «ягода» гриба (как если бы яблоня находилась под землей, и на поверхности были видны только яблоки). Основная же часть гриба находится под землей и называется грибницей.

Из четырех названий только одно правильное и соответствует изображённому грибу. Найди его и отметь галочкой.

Ложно-белый гриб
Чёрный гриб
Чёрно-белый гриб
Белый гриб

Белочка
Собачка
Лисичка
Зайчик

Печёночный гриб
Кишечный гриб
Сердечный гриб
Желчный гриб

Подлипник
Подберёзовик
Подрябинник
Подкедровик

Вкусноежка
Многоежка
Сыроежка
Переежка

Яркая поганка
Бледная поганка
Пёстрая поганка
Лечебная поганка

С ёжиком по грибы

Пройди с ёжиком по дорожкам и собери грибные семейки, в которых не больше 6 грибов, а затем сложи числа, стоящие рядом с ними, и впиши получившуюся сумму в пустые клетки.

| | | | | 0 | 0 | — столько видов грибов существует на свете.

Мой прекрасный сад

История садов тесно связана с культурой того или иного народа, наукой и искусством. Наверное поэтому существует большое разнообразие садов: японский, итальянский, английский, голландский и так далее (о некоторых ты

прочитаешь на стр. 62). А еще есть вересковые сады, водные, висячие, вертикальные, сад камней, зимние сады.

Создай на этих страницах свой собственный сад, используя картинки со стр. 63.

Такие разные сады

Французский сад. Это сад порядка, симметрии, строгих геометрических форм. Растениям с помощью стрижки часто придают искусственную форму. Чёткая зелёная стена стриженой изгороди — обязательный элемент французского сада.

Итальянский сад. Это сад-дворик, который является продолжением дома. Тот же дом — только без крыши. Традиционно в саду выращивают не только цветы, но и лекарственные травы. Дорожки — идеально ровные, прямые и диагональные.

Английский сад. Радует хозяина своей естественностью. Свободная планировка сада выявляет красоту природного ландшафта, скрывая его недостатки. Сад состоит из нескольких стриженых зеленых лужаек или газонов овальной или круглой формы, соединённых между собой. В центре сада — водоём свободных очертаний. Рядом — плакучая ива, туя или кипарис.

Японский сад. Это сад для медитации. На небольшом участке возле дома представлены все стихии природы. Землю олицетворяют валуны, белая каменная крошка дорожек. Вода представлена «горным ручьем», по дуге впадающим в пруд, огонь — традиционным каменным фонарем. Мир растений — бамбуком, сосной, вереском.

Голландский сад. Он всегда небольшого размера. Включает идеальный газон, ухоженные кустарники и яркие цветники. Одно-два дерева, а также атрибуты сельской жизни — маленькая водяная мельница, колодец, садовая тележка с цветами в горшках, садовые скульптуры — гномики, звери, птицы.

Что ты знаешь о животных?

Просто удивительно, до чего разнообразен животный мир нашей планеты: мохнатые и пернатые, крылатые и четвероногие, летающие, плавающие и ползающие существа так не похожи друг на друга! Это связано с тем, что все они живут в разных условиях: различны климат, среда обитания, питание.

Прочитай утверждения и напиши правильно название животного.

- Его ловчие сети настолько прочны и упруги, что могут остановить летящую пчелу.

- Кожа пропитана ядом, который выделяют железы, расположенные за глазами.

- Если он потеряет часть хвоста или головы, они вырастут вновь.

- На лапках водоотталкивающие волоски, чтобы легко скользить по воде.

- Состоит на 95% из воды.

- Самая большая рыба.

- День проводит в воде, а ночью кормится на суше.

- Самая крупная морская птица.

СЛОВАРИК

Бегемот
Водомерка
Дождевой червь
Императорский пингвин
Китовая акула
Медуза
Огненная саламандра
Паук

Кто во что горазд

В каждой клетке напиши названия по крайней мере двух животных, которые подходят под описание.

Насекомое 	Откладывает яйца	Отсутствуют ноги	Покрыто перьями
Живёт в воде	Домашнее животное	Есть панцирь	Есть крылья
Быстро бегает	Есть рога или рожки	Покрыто чешуей	Медлительное
Очень сильное	Покрыто шерстью	Длинные ноги	Домашний питомец

СЛОВАРИК

Бабочка	Козёл	Лось	Олень	
Жираф	Корова	Лошадь	Пчела	Улитка
Жук	Кошка	Малиновка	Свинья	Черепаха
Индюк	Лев	Моллюск	Слон	Ястреб
Кит	Ласточка	Окунь	Тюлень	Ящерица

Интересные беспозвоночные

Беспозвоночные — это животные, у которых нет позвоночника. У некоторых из них тело очень мягкое и защищено панцирем, другие настолько малы, что разглядеть их можно только с помощью микроскопа. К беспозвоночным относится подавляющее число животных, населяющих земной шар. Известно около 1 миллиона 260 тысяч видов беспозвоночных, а позвоночных (животных, имеющих позвоночник) всего 45 тысяч видов.

Найди в буквенном квадрате 23 названия беспозвоночных.

Губка

Дафния

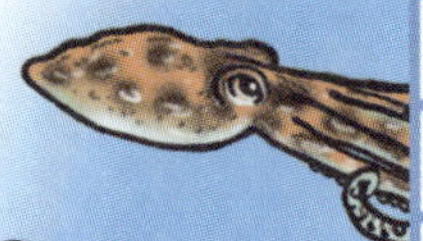
Осьминог

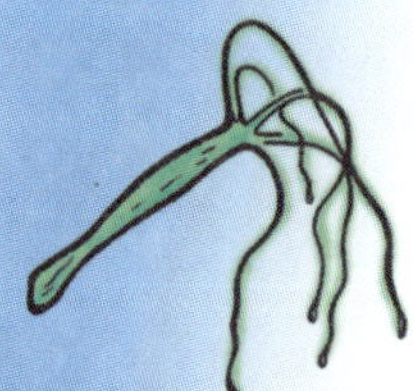
Гидра

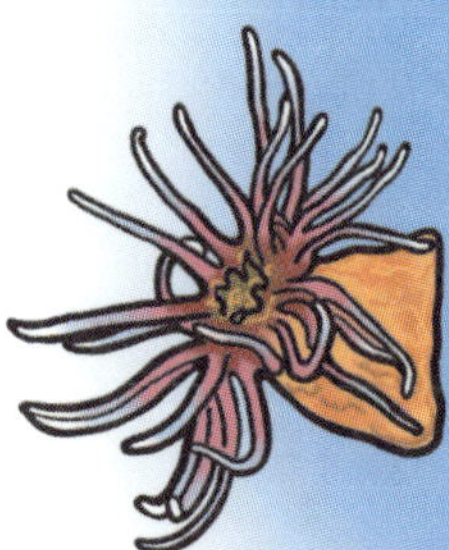
Актиния

Кальмар

Л	А	Н	М	К	А	Р	А	К	А	Т	И
Ч	Е	Г	О	Б	О	Г	О	М	О	Л	Ц
О	Р	У	Л	Л	Ю	С	К	П	Ч	Е	А
С	В	С	К	О	Р	А	С	Т	Р	Л	А
Ь	Я	Т	Г	Р	Е	Л	А	К	Е	Д	К
М	К	У	Л	И	Б	Л	Г	Т	К	А	Р
И	Н	О	Г	Т	Е	К	И	И	О	Ф	А
К	М	Р	О	К	Ш	Л	Д	Н	З	Н	Б
А	Е	А	М	А	О	О	Р	И	А	И	Я
Л	Д	К	А	Р	К	П	А	Я	Г	У	Б
Ь	У	З	А	К	Р	Е	В	Е	Т	К	К
М	А	Р	М	О	К	Р	И	Ц	А	А	А

СЛОВАРИК

Актиния	Дафния	Краб	Моллюск	Стрекоза
Богомол	Кальмар	Креветка	Омар	Улитка
Гидра	Каракатица	Лангуст	Осьминог	Червяк
Гребешок	Клоп	Медуза	Пчела	
Губка	Коралл	Мокрица	Рак	

Крепкий дом

Ракушка — это внешний скелет и домик, который строят себе моллюски. Растет моллюск, растет и раковина, которую он строит из морской соли. Зимой моллюск растет медленнее, а летом — быстрее; поэтому на раковине остаются швы и выпуклые кольца роста — по ним можно узнать возраст. Моллюски бывают 3 видов: *двустворчатые* (их раковины состоят из 2-х плоских створок), *брюхоногие* (нога находится на брюшной стороне тела, раковины этих моллюсков обычно имеют форму конуса или катушки), *головоногие* (их внешнее строение тела делится на голову и ноги).

В этой коллекции собраны раковины моллюсков, обитающих в Чёрном море. Сколько здесь раковин двустворчатых, а сколько раковин брюхоногих моллюсков? Напиши количество двустворчатых моллюсков, и сможешь прочитать утверждение.

На Земле существует ________ тысяч видов двустворчатых моллюсков и 85 тысяч брюхоногих моллюсков.

Самые большие беспозвоночные

Головоногие — это вид моллюсков, у которых есть длинные щупальца с присосками. К ним относятся каракатицы, осьминоги, кальмары, наутилусы. Головоногие очень необычные животные, у большинства из них прекрасно развит мозг, они обладают превосходной памятью и великолепно обучаются. У них нет слуха, зато глаза устроены, как у людей. Это настоящие гиганты среди моллюсков: тело гигантского кальмара может достигать 7 метров, а вместе с щупальцами — 18 метров! Гигантский кальмар — самое большеглазое из всех животных Земли: диаметр его глаза достигает 50 сантиметров.

У всех осьминогов 8 щупалец, но на этих рисунках не у всех они видны. Посчитай, сколько у каждого осьминога не видно ног.

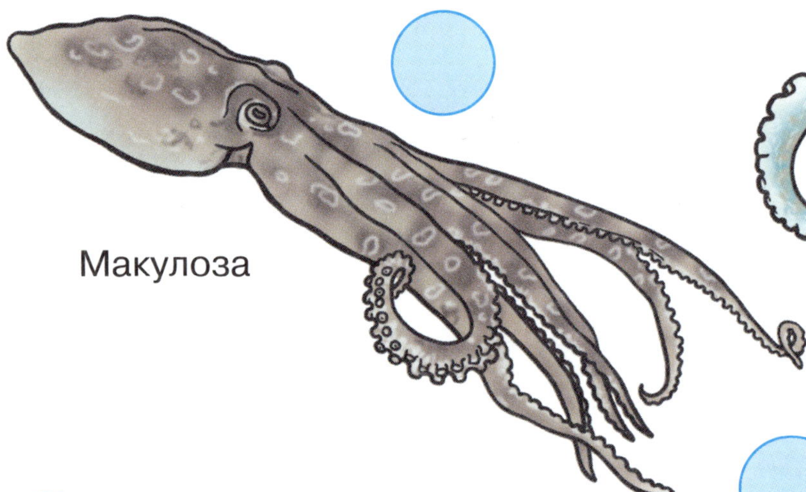

Макулоза

Аргонавт

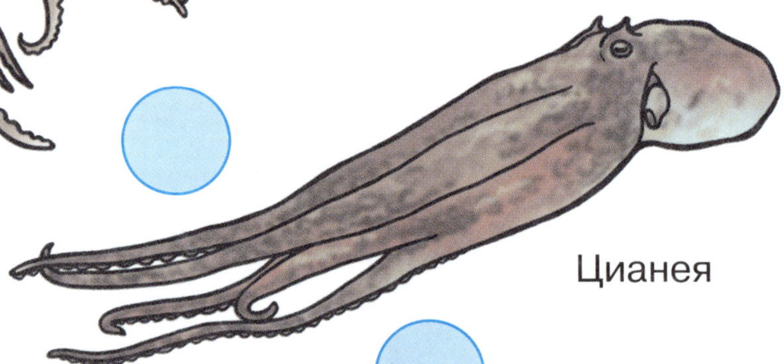

Цианея

Обыкновенный осьминог

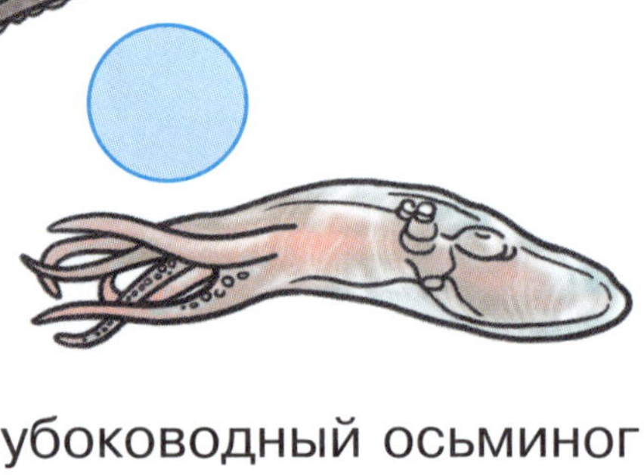

Глубоководный осьминог

Иглокожие

Иглокожие — очень древние животные. В настоящее время в морских водах обитает шесть классов этих животных: морские лилии, морские звёзды, морские ежи, змеехвостки, голотурии и недавно открытый класс концентрициклоидеи. Важная черта всех иглокожих — пятилучевая симметрия.

В каждой пропущенной клетке квадрата напиши или нарисуй того, кого пропустили.

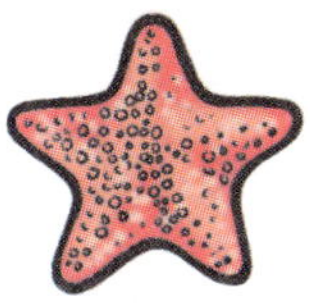

Морская звезда

Морская лилия

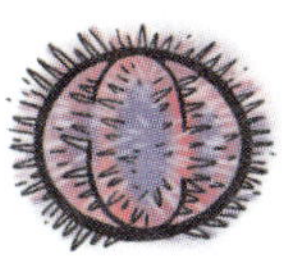

Морской ёж

Офиура

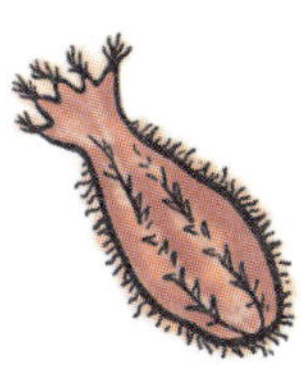

Голотурия

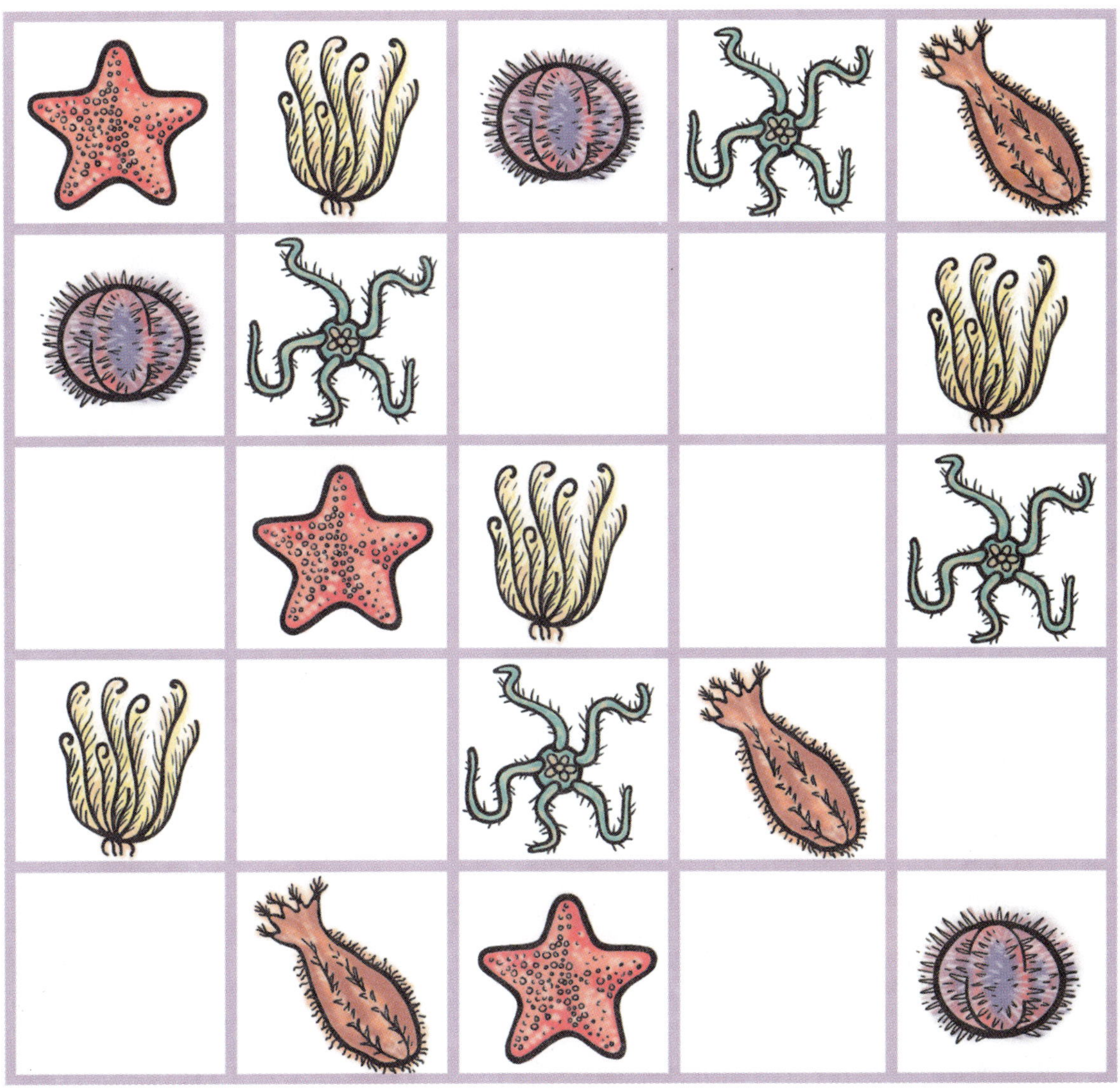

Ловкие охотники

Пауки — это не насекомые. Они относятся к отдельной группе членистоногих — паукообразные. Их тело делится на две части: головогрудь и брюшко. У всех пауков 8 ног. Все паукообразные — опасные хищники: скорпионы убивают жертву жалом на хвосте, а пауки мастерски плетут паутину.

Прочитай фразу, написанную на радиальных нитях по порядку расположения цифр, и ты узнаешь, почему паук сам никогда не запутывается в своей паутине. *Подсказка:* там, где нарисована муха, ставь рядом букву А, а там где жук — букву О.

Водные «насекомые»

Членистоногие, которые тоже относятся к беспозвоночным, представлены тремя группами животных: ракообразные, паукообразные, насекомые. Почти все ракообразные — водные животные. В основном они живут в море, ещё их называют «морские насекомые».

Проведи креветку, краба и рака до их домиков.

Такие разные

В мире насчитывается около 1 миллиона видов насекомых, то есть больше, чем остальных животных и растений вместе взятых. Это самый многочисленный класс. Насекомые обладают чрезвычайной живучестью: все отряды насекомых, существовавшие 230 миллионов лет назад, встречаются и сегодня.

Прочитай названия наиболее известных отрядов насекомых и соедини их линией с соответствующим описанием.

Прямокрылые (кузнечики, саранча, сверчки)

Бабочки, или чешуекрылые

Стрекозы

Длинное брюшко, разноцветно окрашенное; очень маневренно в полете, обитает около прудов и рек, на голове большие глаза.

Это рекордсмены по прыжкам, с длинными усами, а уши у них находятся на ногах.

У них две пары крыльев, верхняя из которых — плотная и жёсткая, нередко ярко окрашенная, а нижняя пара — это тонкие полупрозрачные крылья, с помощью которых насекомое летает.

Их большие крылья покрыты красочным рисунком, составленным из чешуек-призмочек. Питаются нектаром.

Есть жало, две пары полупрозрачных крыльев, многие из них живут большими семьями.

Одна пара крыльев; многие из этих насекомых — кровососущие.

Двукрылые (комары, мухи)

Жуки, или жёсткокрылые

Перепончатокрылые (пчёлы, осы, муравьи)

Строение насекомого

Тело всех насекомых состоит из трех частей: голова, грудь и брюшко. На голове находятся глаза, ротовой аппарат и два усика. Усики, или антенны, помогают насекомому чувствовать, нюхать, и некоторым насекомым — слышать. Лапки и крылья присоединены к груди. Брюшко расположено в задней части тела. У насекомых шесть лапок.

Соедини точки по порядку и раскрась пчелу. Проведи линии от названия до части тела насекомого.

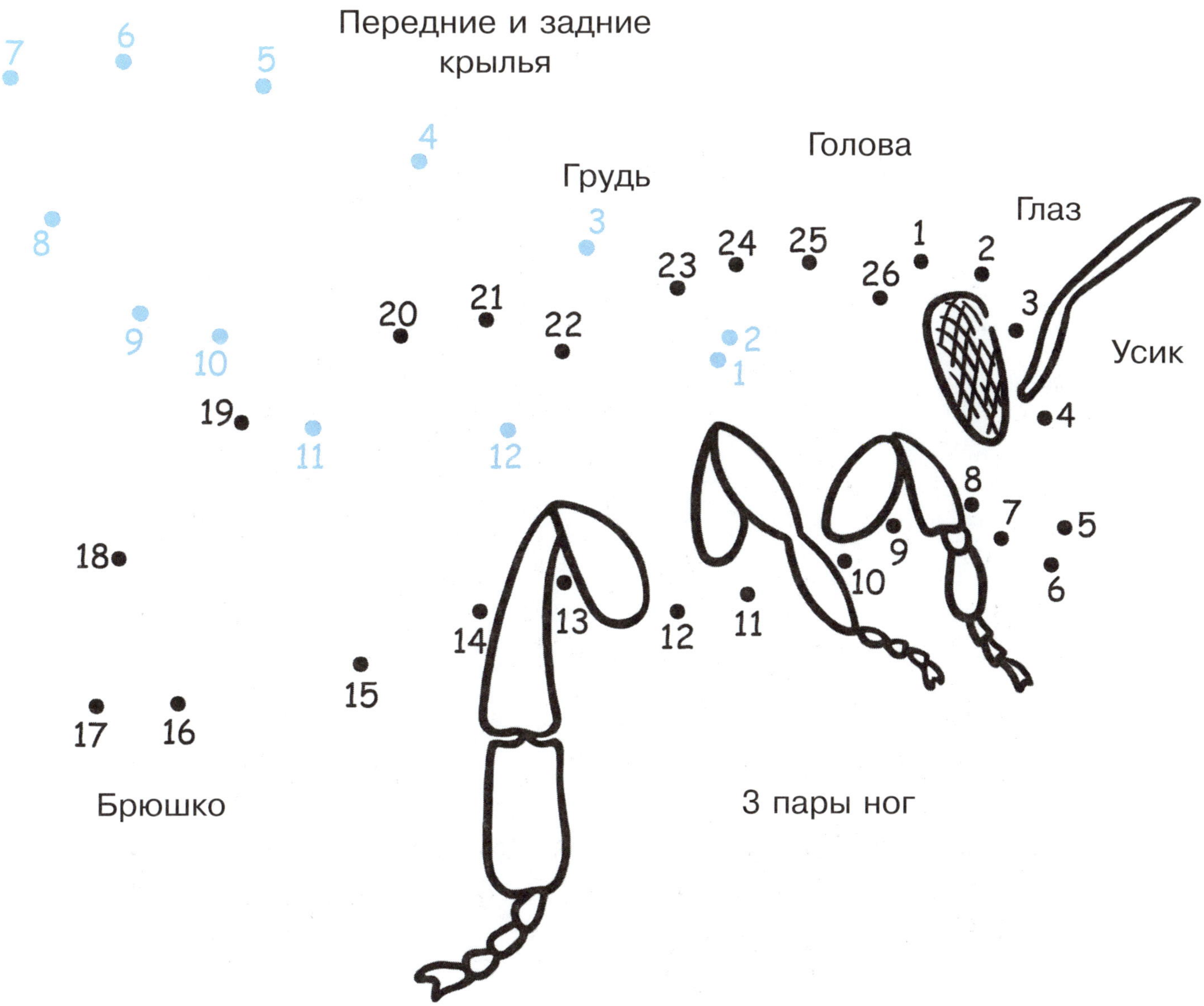

Маленькое царство

Муравейники — надземная часть жилища муравьев. Как правило, муравейник сооружен их веточек, растительного мусора. На первый взгляд кажется, что мусор набросан беспорядочно, но в дождь муравейник не промокает. Население крупных муравейников достигает нескольких миллионов. Это большая семья, в которой есть царица и рабочие муравьи.

Помоги муравью-посланнику доставить сообщение царице. Не бойся тёмных тоннелей, но в пути не пересекайся с другими муравьями, не мешай им работать.

Ни больше ни меньше

При огромной численности и разнообразии насекомые мало отличаются размерами. Почему же ни одно из современных насекомых не перешагнуло даже 30-сантиметровый рубеж? Дело в том, что их дыхательная система эффективна только при небольших размерах тела.

Но есть и свои «маленькие гиганты». Измерь длину двух жуков (изображены в натуральную величину) и запиши данные.

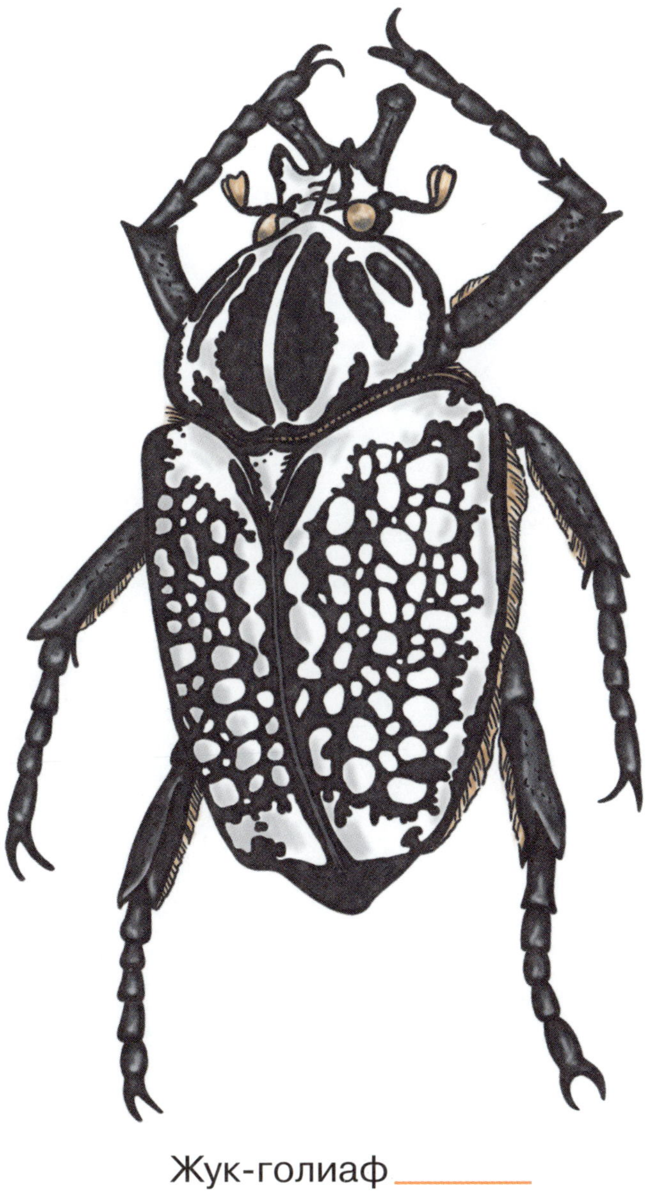

Жук-геркулес ________

Жук-голиаф ________

Удивительное превращение

Красивые бабочки, порхающие на лугу или живущие в тропических лесах, а также ночные бабочки, появляются на свет из гусениц. Такое превращение называется метаморфозом.

1. Бабочка откладывает яйца.

2. Из яиц вылупляются гусенички.

3. Около четырех недель гусеницы линяют и непрерывно едят.

4. Перед последней линькой гусеница перестает есть, находит безопасное место, где хорошо прикрепляется.

5. У гусеницы появляется новая оболочка — кокон, внутри которого происходят самые удивительные изменения.

6. Через некоторое время оболочка лопается, и на свет появляется взрослая бабочка.

7. А когда крылышки расправятся и подсохнут, бабочка сможет отправиться в свой первый полёт.

Вырежи картинки и приклей в правильной последовательности на стр. 76.

Монархи тоже путешествуют

Многие бабочки переселяются, мигрируют с места на место, в одиночку или огромными стаями и даже перелетают через океаны. Удивительны миграции бабочки, которую так и назвали — странствующий монарх. Весной они, как птицы, летят на север и долетают до Канады, а на зиму летят на юг в Мексику.

Этой стае бабочек-монархов нужно перелететь на лето из жаркой Мексики к озёрам Канады. Помоги бабочкам туда добраться.

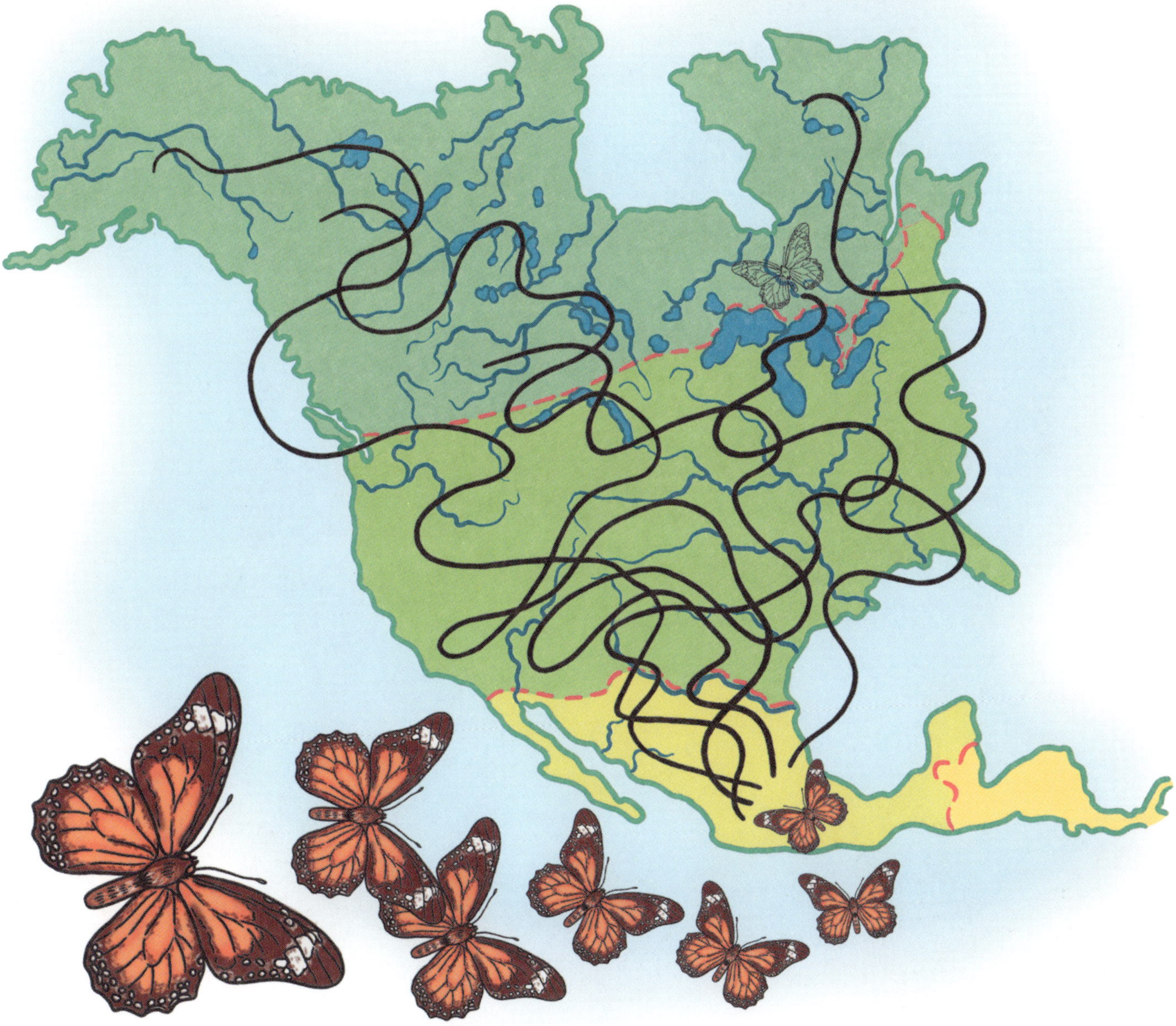

Живые цветы

Окраска крыльев бабочек настолько разнообразна и причудлива, что их не зря сравнивают с живыми цветами. Что делает их цвет таким ярким и красочным? Разгадка проста и вместе с тем поразительна: чешуйки, покрывающие крылья бабочек, совершенно бесцветны! Но они расположены таким образом, что свет, проходя через них, преломляется,

как в стеклянных призмах, рождая удивительную игру красок! Такая «световая» окраска очень практична: цвета не выгорают на солнце, не блекнут и не тускнеют!

За этими цветами спрятались разные бабочки нашей страны. Догадайся, какие, и подпиши. *Подсказка:* внимательно смотри на внешний вид бабочки — это поможет определить её название.

СЛОВАРИК

Адмирал	Голубянка	Лимонница	Павлиний глаз
Аполлон	Крапивница	Махаон	Траурница

Невероятные рыбы

Рыбы живут почти везде, где есть вода: в горных потоках, где скорость течения достигает 2 метров в секунду и в стоячих прудах, на огромных глубинах и в мелких лужицах, в озёрах на высоте 600 метров над уровнем моря и в подземных пещерах. Рыбы слышат, видят и различают цвета, могут менять окраску, имеют органы осязания, равновесия и обоняния.

Ответь на данные утверждения «да» или «нет» и впиши свой ответ в клеточки.

1. Некоторые рыбы сами проводят электрические разряды.

2. Рыбы никогда не спят

3. Рыбы могут ползать по дну, а иногда по суше.

4. Некоторые рыбы могут жить при температуре + 50 °С.

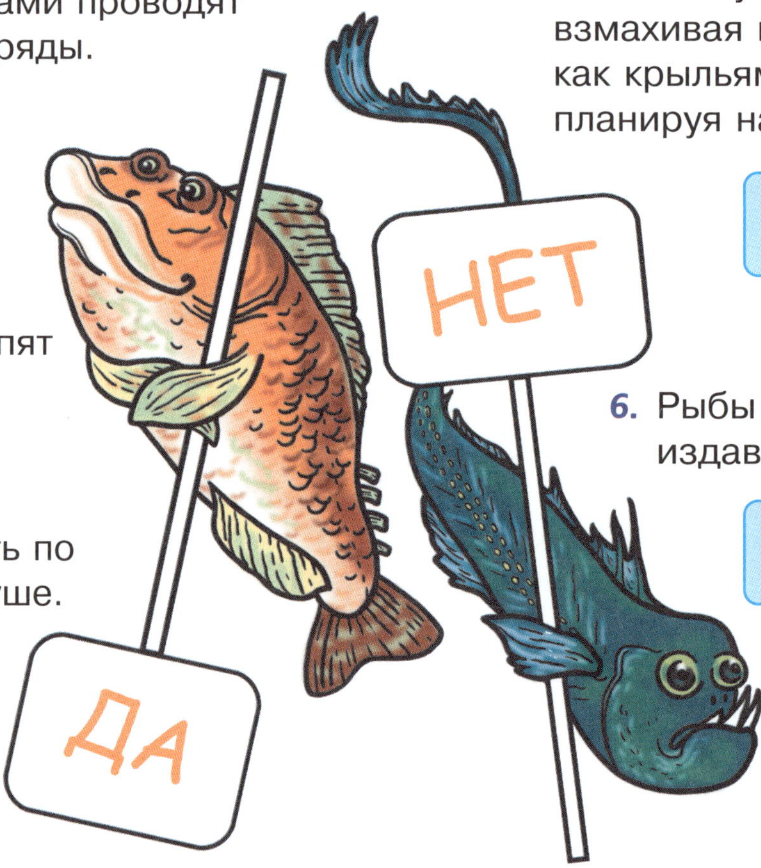

5. Рыбы могут летать, взмахивая плавниками, как крыльями, или планируя над водой.

6. Рыбы могут издавать звуки.

7. Дельфин — это рыба.

Солёное и пресное

Рыбы были первыми позвоночными обитателями Земли, они появились примерно 400 миллионов лет назад. Живут в пресных и солёных водах по всему миру. Существует около 27 тысяч видов, из которых больше 5000 — пресноводные. Многие рыбы могут мигрировать из морей в реки и обратно.

Отдели линией обитателей солёных морей и океанов от обитателей пресных рек и озёр.

Ёрш (до 20 см)

Вьюн (до 25 см)

Треска (до 1,7 м)

Сайра (до 36 см)

Язь (до 70 см)

Зубатка (до 1,5 м)

Сарган (до 95 см)

Минтай (до 80 см)

Скумбрия (до 60 см)

Окунь (до 50 см)

Пескарь (до 22 см)

Налим (до 1 м)

Опасные рыбы!

Акулы широко распространены во всех морях и океанах, встречаются также пресноводные акулы. Большинство видов акул относятся к настоящим хищникам, отдельные виды питаются планктоном. У акул тело обтекаемой формы и отсутствует плавательный пузырь, поэтому чтобы не утонуть, они постоянно плавают.

В мире насчитывают около 360 современных видов акул. Какие из данных названий верные? Вычеркни несуществующих акул.

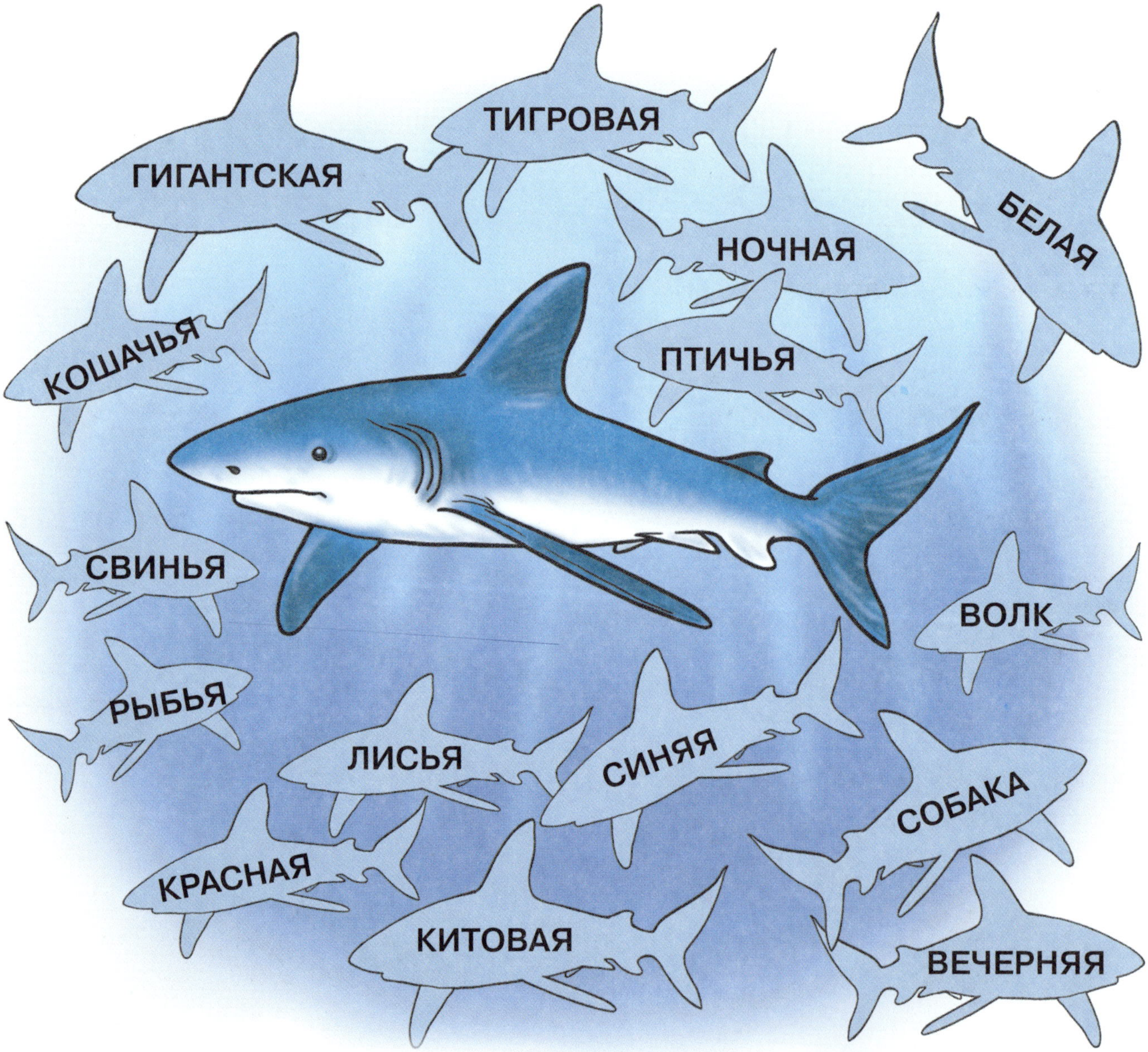

Сведения о рыбах

В наши дни известно более 20 000 видов рыб — больше, чем в остальных классах позвоночных животных (амфибии, рептилии, птицы и млекопитающие). Хотя рыбы и различаются по форме, цвету и размеру, у них очень много общих черт:

- у всех рыб есть позвоночник;
- у большинства рыб есть плавники;
- рыбы дышат жабрами;
- у многих рыб есть чешуя и довольно жесткая кожа.

Какой рыбе какой хвост принадлежит? Соедини стрелочками.

Щука обыкновенная (до 1,5 м)

Большая корифена (до 2 м)

Рыба-курок (до 50 см)

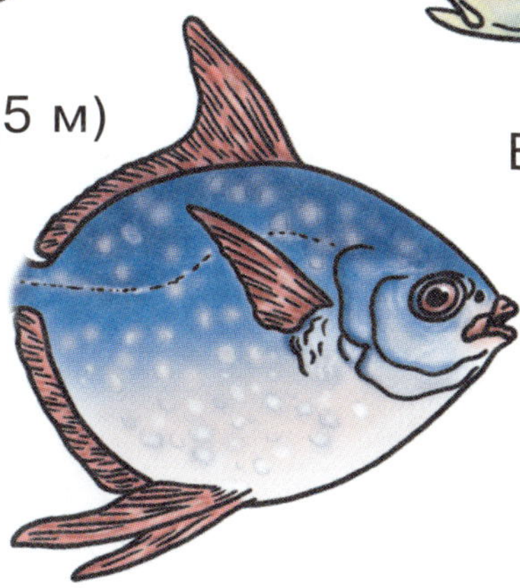

Рыба-солнце (до 1,5 м)

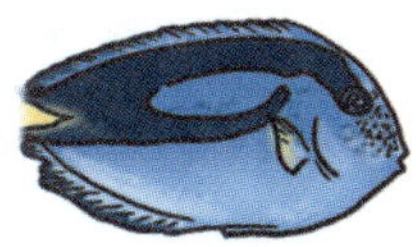

Рыба-хирург (20–30 см)

Американский чешуйчатник (до 1,2 м)

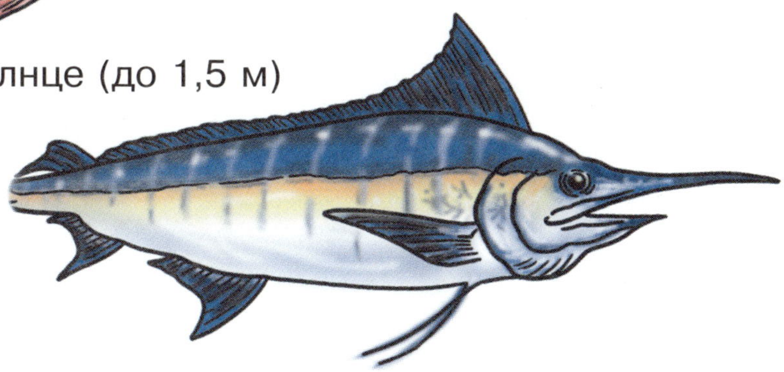

Синий марлин (до 5 м)

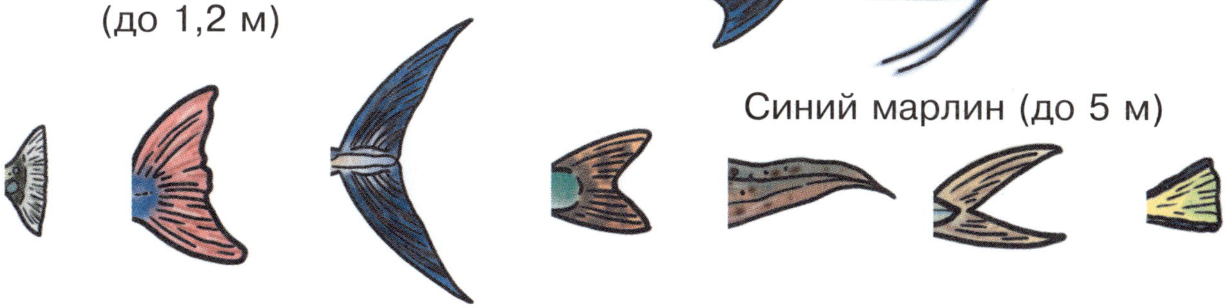

Живущие на суше и в воде

Позвоночные животные, которые живут в пресной воде или поблизости от неё, называются земноводными. В отличие от рыб у них нет чешуи, но есть пятипалые лапки. От птиц и зверей они отличаются тем, что не имеют постоянной температуры тела. В природе из всех наземных позвоночных только земноводные и змеи бывают ядовитыми.

Найди в этом квадрате из букв названия 10 земноводных.

Альпийский тритон

Европейский протей

Огненная саламандра

Е	С	Н	О	Ж	С	А	Л	А	М
Ч	Л	Я	Ч	Е	Р	Л	Я	Н	А
П	Й	Г	Н	И	Ц	А	К	К	Н
Р	У	У	Ш	К	А	Т	Р	А	Д
О	Т	А	К	А	Ш	Р	Е	А	Р
Ч	А	Б	В	А	К	И	С	Т	О
Е	Ж	У	Г	Л	О	Т	О	Н	В
Р	В	Я	Г	А	З	У	Б	А	К

СЛОВАРИК

Жаба, Жерлянка, Квакша, Крестовка, Лягушка, Саламандра, Тритон, Углозуб, Червяга, Чесночница

Лягушачий лабиринт

К бесхвостым земноводным относятся жабы и лягушки. Среди них есть живущие в воде, наземные, роющие, древесные и даже пустынные виды. Всего насчитывается 2500 видов.

Помоги мухе добраться до яблока и не попасть лягушкам на обед. Подсказка: «не лети» рядом с мордой лягушки.

Холодная кровь

К пресмыкающимся относятся змеи, вараны, ящерицы, гекконы, крокодилы, черепахи. Всего на Земле насчитывается более 6 тысяч видов пресмыкающихся, самой разной формы и окраски. Их размеры в длину колеблются от 5 сантиметров до 10 метров. Пресмыкающихся можно встретить на любом континенте, кроме Арктики, Антарктики. Несмотря на то что, на первый взгляд, они не похожи друг на друга, все они: дышат через лёгкие, являются холоднокровными, имеют сухую чешуйчатую кожу и позвоночник или спинной хребет.

Переставь буквы по порядку расположения цифр, и ты узнаешь названия этих рептилий.

- 6 3 4 1 2 5
  БОЗЯДУ

____

- 4 3 5 2 1
  МААГА

____

- 4 1 7 2 8 6 5 3
  ИВСАКИЛС

____

- 4 3 5 1 2 6
  ИВАГАЛ

____

- 6 1 5 3 2 3
  НГОКЕК

____

Каждому свой дом

Гигантская черепаха. Может прожить более 100 лет. Для защиты она прячется в свой панцирь.

Сетчатый питон. Самая огромная змея. Одна из них достигала размеров более 10 метров в длину.

Морской крокодил. Одна из самых больших рептилий. Может весить около 500 килограммов.

Дракон с острова Комодо. Рептилия, очень похожая на дракона. Самая большая живая ящерица.

Туатара, или гаттерия. Относится к виду вымерших динозавров.

В зоопарке для каждого животного есть домик. Используя подсказки, пропиши каждого пресмыкающегося в свой домик.

Подсказки:

1. Змея находится между самой большой ящерицей и самым большим представителем семейства черепах.
2. Родственник аллигатора расположен в крайнем домике справа.
3. Рептилия, которая носит с собой свой «дом», находится посередине.

С хвостом и без хвоста

Проведя всю зиму в состоянии оцепенения, лягушки с первыми лучами весеннего солнца «просыпаются» и начинают «лягушачьи концерты», которые обычно слышны далеко в округе. Жизнь лягушки полна удивительных превращений. Когда она появляется на свет, то совсем не похожа на себя — это головастик. Постепенно день за днем головастик превращается в лягушку.

Вырежи рисунки с развитием лягушки со стр. 93 и приклей их в правильной последовательности.

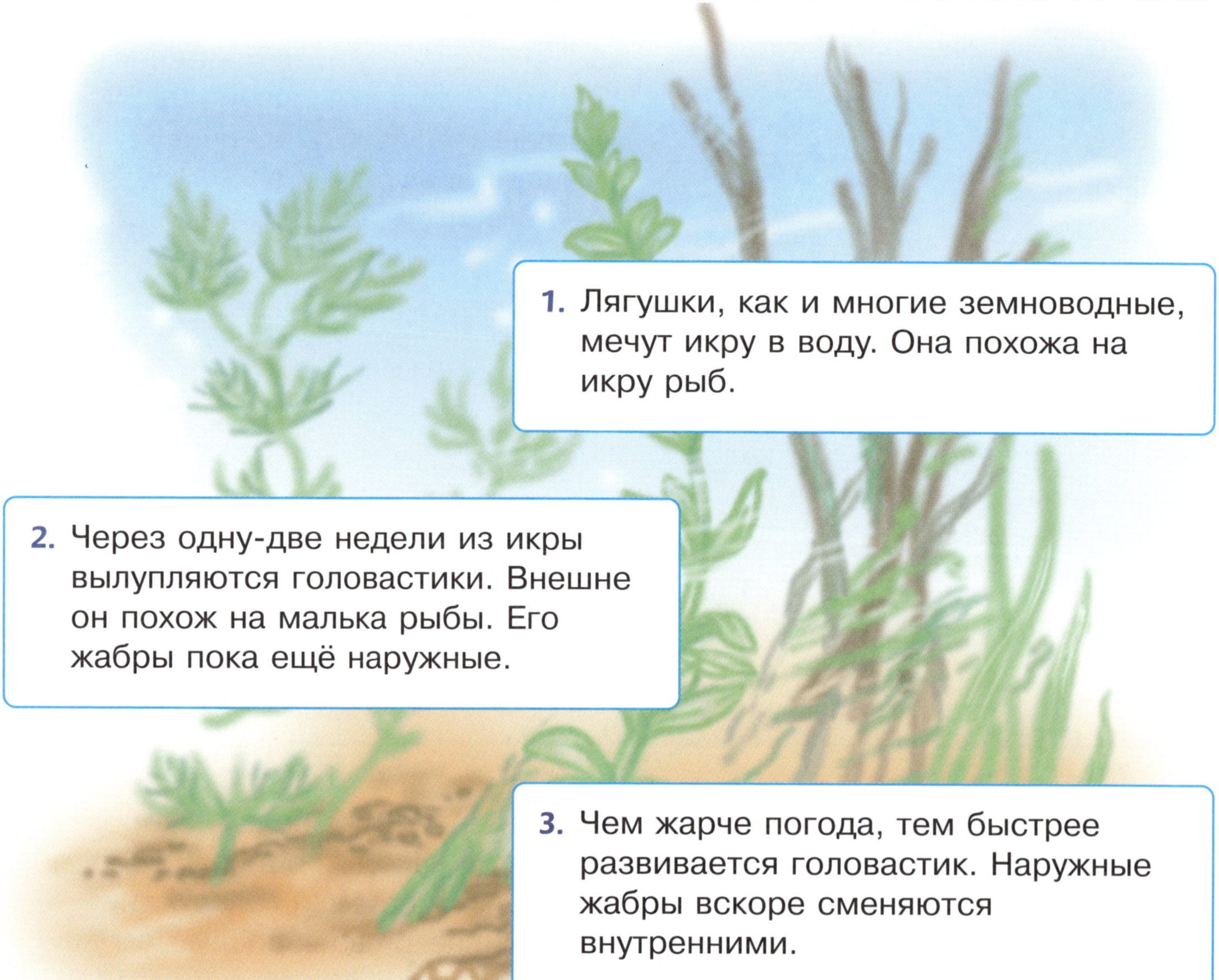

1. Лягушки, как и многие земноводные, мечут икру в воду. Она похожа на икру рыб.

2. Через одну-две недели из икры вылупляются головастики. Внешне он похож на малька рыбы. Его жабры пока ещё наружные.

3. Чем жарче погода, тем быстрее развивается головастик. Наружные жабры вскоре сменяются внутренними.

4. Постепеннно у головастика появляются задние лапки, которыми он активно пользуется во время плавания.

5. Затем формируются передние лапки и начинают развиваться лёгкие. Головастик начинает дышать воздухом и всё чаще поднимается к поверхности воды.

6. Хвост у головастика с каждым днём становится всё меньше, а потом и вовсе исчезает.

7. И вот через 2–4 месяца (скорость развития находится в зависимости от теплоты погоды) головастик превращается во взрослую лягушку.

Холодно — мальчик, тепло — девочка

Все рептилии, как птицы, несут яйца. Яйца рептилий белые, у змей и ящериц — с кожистой оболочкой, у крокодилов и черепах — с известковой.Оказывается, пол детёнышей черепах зависит от температуры, при которой развиваются яйца. Если она ниже 28 °С, то вылупляются самцы, а если выше 33 °С — самки. Если же температура в гнезде держится между 28 и 33 °С, то вылупляется примерно равное количество самцов и самок.

Помоги маме-черепахе сосчитать, сколько яиц она снесла.

К заданию со страницы 90

Время черепах

Интересно, что черепахи, жившие много миллионов лет назад, выглядели так же, как и хорошо знакомые нам ныне живущие виды. Форма панциря этих животных связана с их образом жизни: высокий куполообразный — у наземных черепах; более низкий и гладкий — у пресноводных; обтекаемый, сердцевидной формы — у морских. Черепахи почти ничего не слышат, но у них хорошо развиты зрение и обоняние.

Посчитай числа на панцире черепахи и определи, какие пропущены, затем сложи вместе все пропущенные числа, и ты узнаешь, сколько лет могут жить черепахи.

Шуршащие в траве

Змеи — это рептилии, у которых отсутствуют ноги. Змеи никогда не закрывают глаз. Только у рептилий бывают ядовитые зубы. Яд — это видоизмененная слюна, которая скапливается в железах на голове. А вот раздвоенный язык — это орган осязания и обоняния. Самые большие змеи — питоны и анаконды (до 10 метров), самые маленькие — слепозмейки, размером с карандаш.

Вычеркни из каждой вертикальной строчки в квадрате повторяющиеся буквы, и узнаешь ещё названия разных змей.

Ж	Ц	Ф	Щ	Л
А	Г	Э	Э	Ж
Х	Р	К	У	З
Л	Е	Ф	Ш	П
С	В	Х	Х	Л
Х	М	О	Д	И
П	У	Б	Щ	З
Ж	Ч	Э	А	Т
И	А	Р	Х	О
Л	Я	Х	В	Ж
Д	В	А	Э	З
З	М	Е	Я	Н

Постоянство изменчивости

Хамелеоны — удивительные животные! Глаза — каждый в отдельности — могут поворачиваться в разные стороны. Длинный гибкий хвост позволяет животному висеть даже вниз головой! А голова бывает с роговыми выростами. У хамелеона длинный язык, который он использует для ловли добычи, ловко им «выстреливая». И наконец их самое известное свойство — способность менять свой цвет. На это влияет состояние организма животного. Будучи выражением эмоционального настроя хамелеона, его окраска сообщает об этом настрое и его сородичам, а также служит хамелеону для маскировки.

Найди между этими двумя хамелеонами 12 отличий.

Гиганты среди гигантов

Динозавры были самыми крупными сухопутными животными из живших на Земле. Самым большим динозавром до недавнего времени считался брахиозавр. Его размеры впечатляют: в длину — 23 метра, высота от земли до головы — 12 метров, вес — 70 тонн (больше, чем 10 слонов). Но в 1970-х и 1980-х годах были обнаружены кости динозавров крупнее брахиозавра. Эти животные были названы «суперзавр», «ультразавр» и «сейсмозавр». Они могли достигать 30 метров в длину, а вес приближался к 130 тоннам (что сравнимо с весом 26 слонов; один африканский слон весит 5–6 тонн).

Самый маленький

Этот ящер-охотник был одним их самых мелких динозавров. В высоту он был примерно по колено взрослому человеку. Длина его тела варьировалась от 80 сантиметров до 1,4 метров, и вес примерно 3,5 килограммов. Эти динозавры были достаточно успешными охотниками: они шныряли между деревьями, постоянно «ворча» и огрызаясь друг на друга из-за пойманной добычи. В случае опасности они бросались врассыпную, прячась в безопасных убежищах в лесу.

Расшифруй ребус, и узнаешь название нарисованного динозавра.

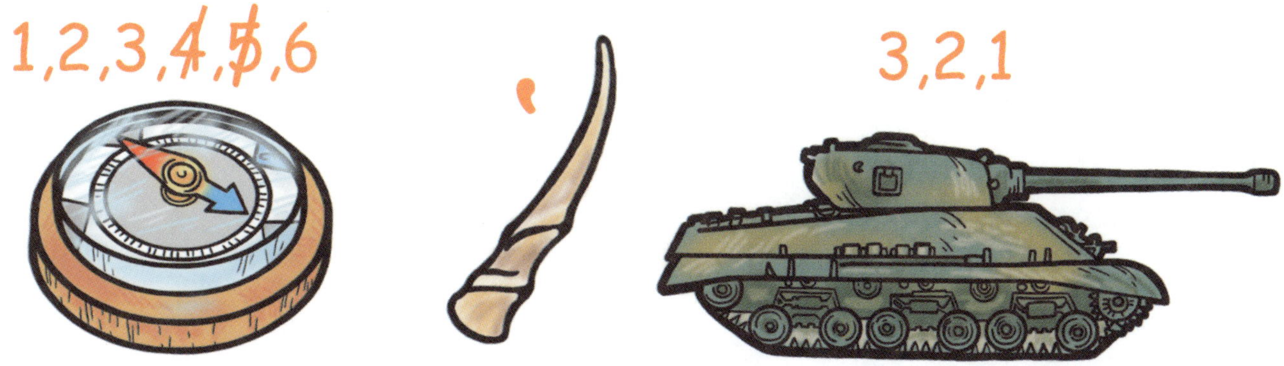

Пернатые друзья

Человеку свойственно особое отношение к пернатым, ведь именно они освоили воздушное пространство и подарили людям вдохновляющую идею полёта. Птицы поистине вездесущи, они полностью освоили сушу, им покорились безбрежные океанские просторы, а кочующих птиц можно встретить в любой точке нашей планеты, за исключением разве что внутренних районов Антарктиды.

Прочитай в этой цепочке из букв названия, помня при этом, что последняя буква предыдущего слова является первой буквой последующего.

Паспортные данные

Все черты строения птиц сложились в процессе эволюции под влиянием их приспособления к полёту. Поэтому при всем разнообразии окраски их оперения, формы клювов и лап, размеров и поведения все птицы поразительно похожи друг на друга в устройстве своего тела.

Заполни «птичий паспорт» и заодно проверь, что ты знаешь о птицах.

Устройство птицы щегол

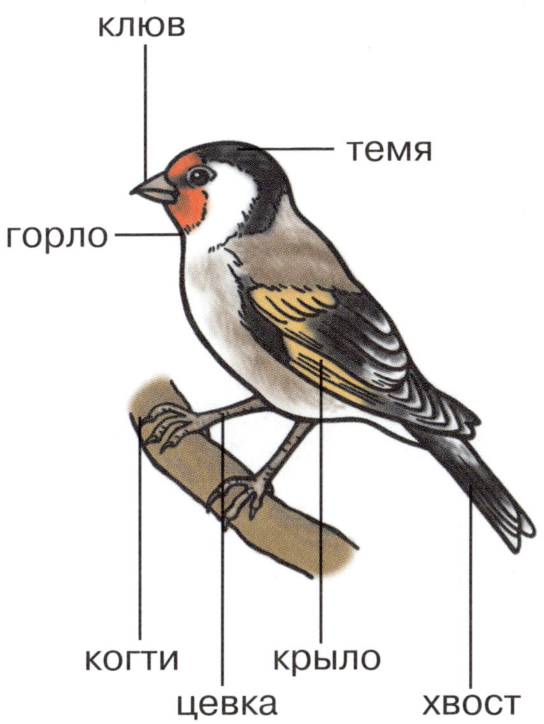

1. Птицы — ________кровные животные.
2. __________сохраняют тело птицы сухим и теплым.
3. Птицы дышат через ______.
4. Птица использует свой ________ , чтобы добывать себе еду.
5. Птенцы вылупляются из ______ .

Это для птиц!

Используя следующие материалы, сделай кормушку для птиц:

Что потребуется:

газета; пластиковый нож; верёвка; сосновая шишка; арахисовое масло; корм для птиц.

Приготовление:

1. Привяжи  к 

2. Намажь 

на 

3. Обваляй  в 

4. Привяжи  к 

Пернатая стая

Вырежи модель птицы со стр. 103. Положи на сложенный пополам лист цветной бумаги размером 30 на 45 сантиметров и обведи по контуру, совмещая линии сгиба, а затем вырежи её. Чтобы птица «летала», держи её за брюшко и раскрывай сгиб, помеченный звёздочкой. Теперь согни крылья, как показано на схеме, и они будут раскрыты. Ты также можешь приклеить пёрышки, проделать дырку и подвесить свою птичку к потолку.

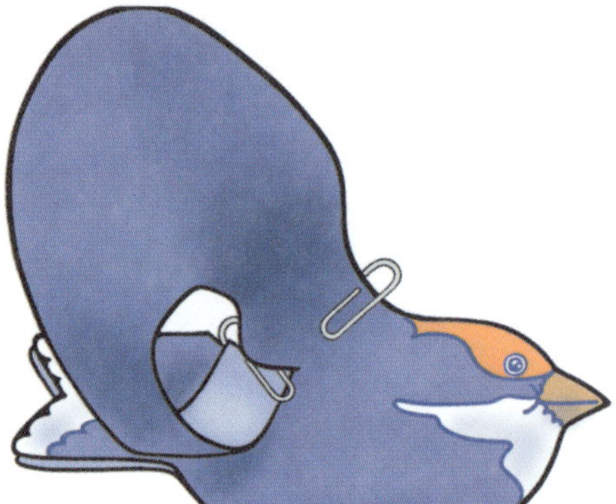

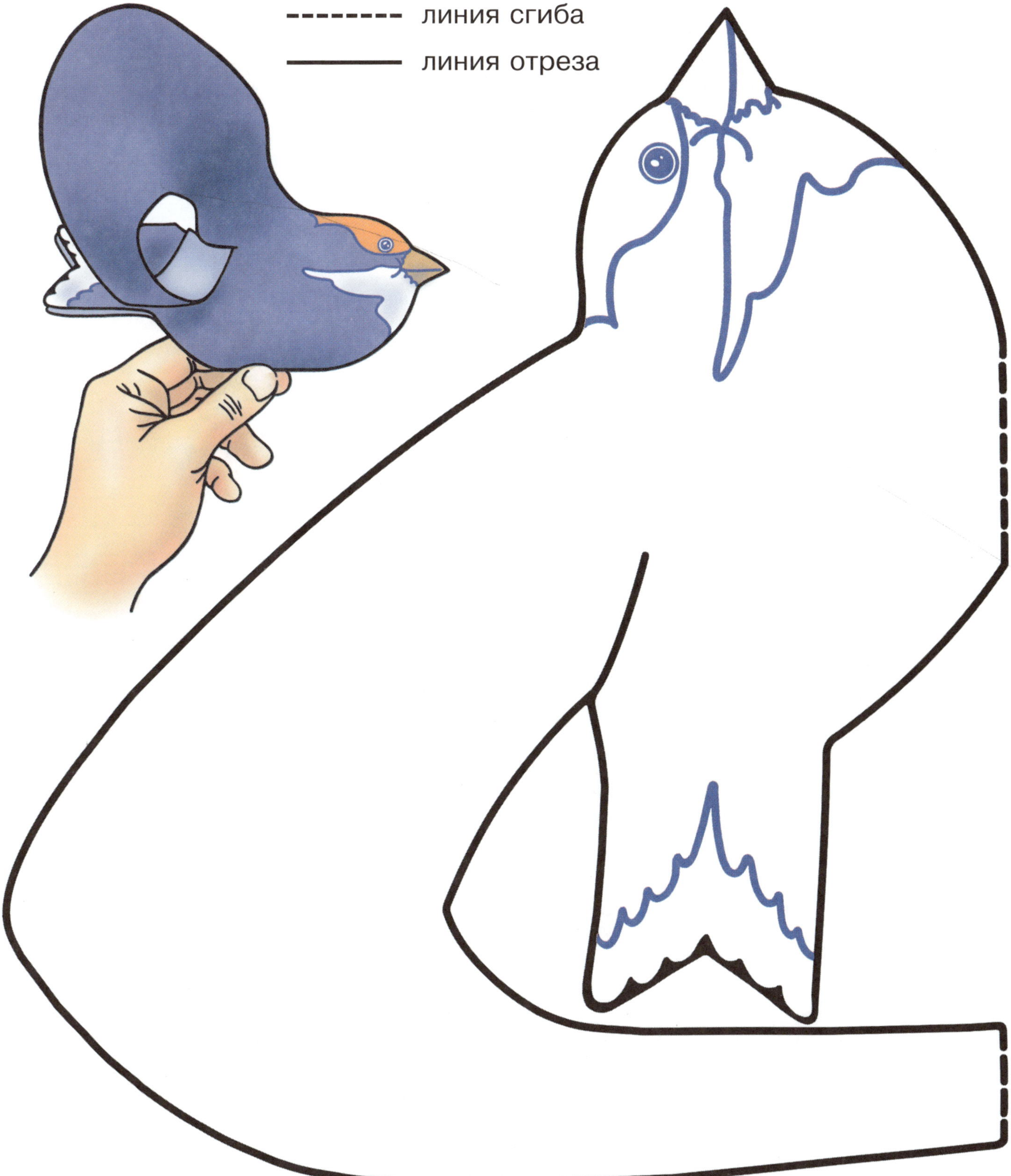

- - - - - - - - линия сгиба

——— линия отреза

На воде

Внешний вид и строение птицы во многом зависят от той среды, где она обитает. У водоплавающих птиц на лапах между пальцев появились перепонки, чтобы удобнее было плавать, также их оперение не намокает (кроме баклана, он каждый раз после воды сушится), поскольку перья смазываются жиром, выделяемым специальными железами.

Отражения всех птиц перепутались. Найди каждой птице её силуэт.

Птицы наших парков и лесов

Прочитай описания птиц и подпиши рисунки на стр. 107.

Горихвостка. Грудь и хвост красно-рыжие, верх головы и спина серые, бока головы и шея чёрные.

Щегол. Вокруг клюва красные пятна. Верх головы чёрный, щеки белые. Спинка бурая. На чёрных крыльях широкое желтое пятно.

Свиристель. Размером со скворца. Голова и спинка розово-серые. На горле и около глаз чёрные пятна, на голове хохолок. Хвост короткий с ярко-жёлтой полосой.

Лазоревка. Спина оливково-зелёная, шапочка лазурно-голубого цвета. Щёчки белые. Брюшко жёлтое.

Чиж. Мелкая желтовато-зелёная птица. Брюшко жёлтое, переходящее в пестрины. На голове серная шапочка. На крыльях две жёлтые полоски.

Зарянка. Верх головы, спина и крылья зеленовато-оливковые. Передняя часть головы, шея и грудь — рыжие.

Сойка. Чуть меньше галки, на голове хохолок с пестринками. Тело рыжевато-серое. На чёрных крыльях яркие голубые пятна. Хвост чёрный.

Зяблик. Брюшко-красноватое, спинка коричневая. Серо-голубая шапочка. На тёмных крыльях две белые полосы.

Чей клюв лучше

Размер и форма клюва очень различны и зависят от способа добывания корма. У птиц не бывает зубов, и они не могут пережёвывать пищу.

Нарисуй рядом с птицей то, чем она питается (обрати внимание на форму и строение клюва) и попробуй объяснить, почему клюв именно такой формы.

Коршун

Клёст

Дятел

Пеликан

Колибри

А где хвост?

Самцы павлинов славятся своим роскошным хвостом, который переливается всеми цветами радуги. Но оказывается, что всё это великолепие создаётся лишь одним пигментом — чёрным, а огромное количество цветов — результат преломления цвета.

Расставь буквы, написанные на хвосте павлина, по порядку, и ты узнаешь, какой длины хвост у павлина.

И птица, и фрукт

Птица киви — символ Новой Зеландии. Она известна достаточно широко, но занесена в Красную книгу со статусом «уязвимый вид». Киви не летает, ведёт ночной образ жизни. В отличие от других птиц у киви хорошо развито обоняние, которое помогает отыскивать пищу под слоем почвы в несколько сантиметров. Грубое оперение хорошо защищает её от колючек и шипов в густых зарослях. По сравнению с размерами тела киви её яйцо — самое крупное среди яиц всех птиц мира.

Вычеркни повторяющиеся буквы Г, Ю, Ж, Р, Я, Ф, Э в надписи и ты узнаешь, почему сочный плод киви так называется.

СЛОВАРИК

Альбатрос	Журавль	Орёл	Сорока	Утка
Воробей	Ласточка	Сокол	Стриж	Ястреб

Кто пролетел?

Устройство крыльев разных птиц разнообразно и приспособлено для определённого образа жизни и среды обитания. Крыло воробья напоминает треугольник — это универсальное крыло. Длинные и узкие — у хороших летунов — стрижей и ласточек. Широкие и длинные крылья орлов и грифов позволяют им подолгу парить. Короткие и закруглённые крылья обеспечивают быстрый взлёт и маневрирование в воздухе, их обладатели — птицы, живущие среди густой растительности.

По силуэтам птиц попробуй определить их названия и подпиши. *Подсказка:* смотри словарик на стр. 110.

Чьё гнездо лучше?

Гнезда удивительно разнообразны: от полного отсутствия как такового до невероятно сложных сооружений. Некоторые птицы, например хищные, ведут настолько уединённый образ жизни, что их гнёзда располагаются в десятках километров друг от друга. Другие виды, наоборот, селятся очень тесно друг к другу. Так ведут себя колониальные птицы: кайры, некоторые виды цапель, пингвины. Пожалуй, рекордсменом в общественном гнездовании можно считать африканскую птичку общественный ткач. Их огромные постройки — общественные гнёзда — напоминают стога сена, взгромождённые на деревья. Эти гнёзда достигают 5–7 метров в диаметре и более 3 метров в высоту.

Птичьи гнёзда

Гнездо из веток — грачи, вороны

Шар с крышей из сухих сучьев — гнездо сороки

Гнездо из глины — ласточки, стрижи

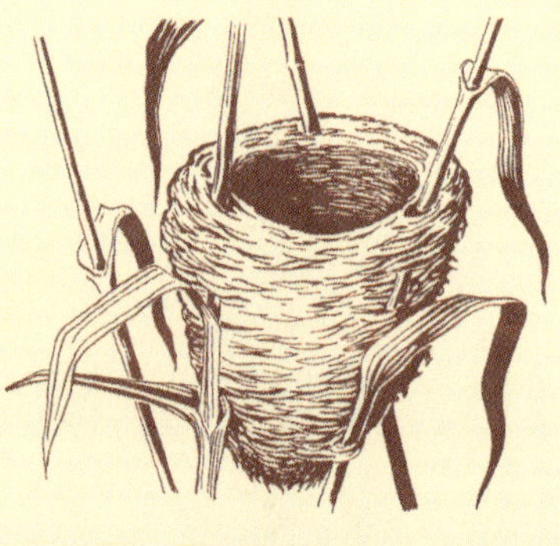

На вертикальных стеблях растений подвешивает гнездо камышевка

Дупло — гнездо для дятла, поползня, совы

Вырежи со стр. 115 изображения гнёзд, определи по силуэту, кому из птиц они принадлежат.

Грач

Ремез

Кайра

Ткач

Стриж
саланган

Пёстрый дятел

Чомга

К заданию на странице 113

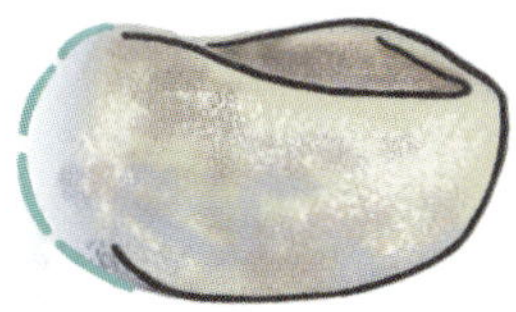

Эпоха млекопитающих

Первые млекопитающие появились на Земле около 200 миллионов лет назад и они дожили до наших дней благодаря развившимся у них уникальным качествам: высокоразвитая нервная система и головной мозг; поддержание постоянной температуры тела (между 36 °C и 41 °C); выкармливание детёнышей молоком; тело млекопитающих почти всегда (кроме китов) покрыто волосяным покровом; превосходно развитые органы чувств (зрение, слух, нюх, осязание).
Человек тоже относится к классу млекопитающих.

Используя подсказки, найди в этом буквенном квадрате названия 12 млекопитающих.

Ш	Д	И	К	О	Л	Е	О	П	А
А	К	Л	О	Б	Р	А	З	К	Р
О	А	Е	Р	А	Н	Г	У	О	Д
П	Л	М	У	Р	М	Е	Т	А	Л
О	С	А	Г	Л	У	Х	А	П	А
У	С	М	А	И	Р	И	Н	А	Н
Т	У	М	Д	Р	А	Д	Н	А	Д
К	О	Н	О	С	В	Ь	Е	Д	А

СЛОВАРИК

Гамадрил	Ехидна	Лемур	Муравьед	Орангутан	Утконос
Дикобраз	Коала	Леопард	Опоссум	Панда	Шакал

Удивительные млекопитающие

Разнообразие видов млекопитающих связано с тем, что они живут в разных условиях — различны климат, среда обитания, питание. Самое крупное млекопитающее — африканский слон; самое тяжёлое — белый медведь; самое высокое — жираф; самое быстроногое млекопитающее — гепард.

Соедини правильно название животного и его характеристику.

ОВЦЕБЫК

ЛЕНИВЕЦ

РЫСЬ

ЛАМАНТИН

КОАЛА

БОБЁР

У них самая длинная шерсть из всех обитающих на Земле зверей. На спине — до 16 сантиметров, а на шее и груди — до 90 сантиметров.

Может уничтожить за год до двух тысяч полёвок, вредителей посевов.

На языке австралийских аборигенов его название означает «не пьющий воду».

Самый медлительный зверь: с одной ветки на другую он может перебираться больше получаса.

У него самое маленькое сердце (относительно веса тела) среди млекопитающих. Оно весит в тысячу раз меньше, чем его тело.

Перегрызает ствол толщиной 12 сантиметров за 5 минут.

Полезные хищники

Зверей, входящих в этот отряд, объединяет не внешний вид, не образ жизни и даже не то, что они едят, а их общее происхождение, строение черепа и зубов. Хищники обитают в лесах, горах, пустынях и морях. Охотясь, они нападают на ослабленных животных, тем самым сокращая их численность и поддерживая равновесие в природе.

Из первой таблицы ты узнаешь название самого мелкого хищника, его длина 18–23 сантиметров, вес 130 грамм, а во второй прочитаешь название самого крупного хищника, его размер 3 метра, а вес может достигать 1000 килограмм.

Ирбис

1

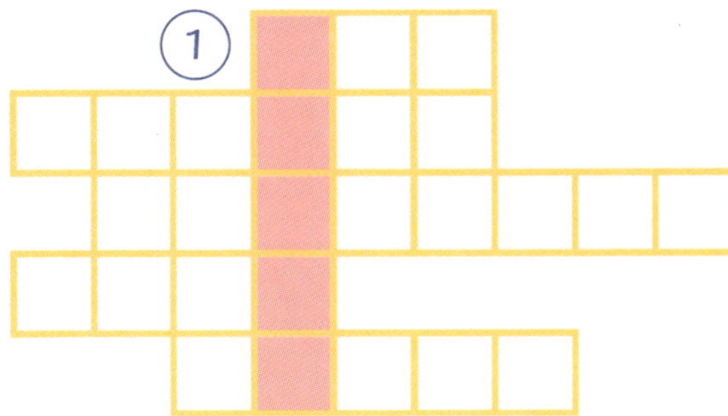

2

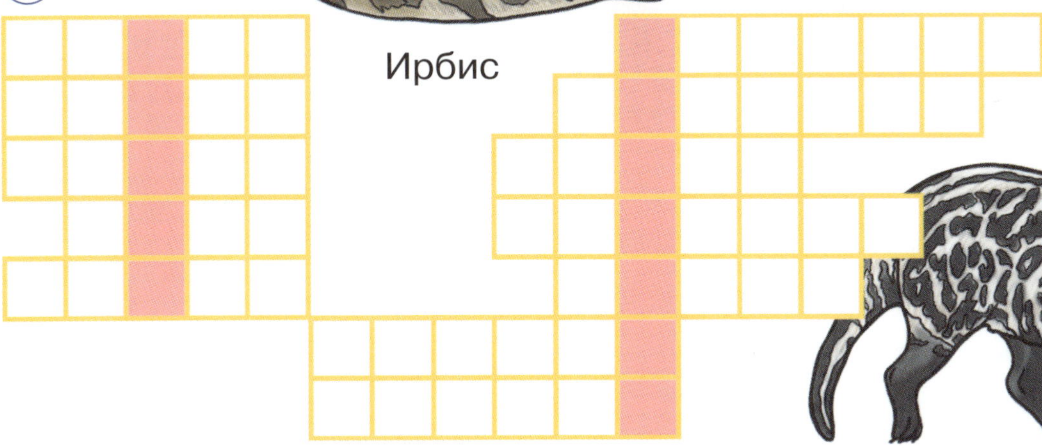

Циветта

СЛОВАРИК

Волк		Калан	Леопард	Рысь	Фенёк
Выдра	Гиена	Койот	Мангуст	Собака	Циветта
Гепард	Ирбис	Лев	Росомаха	Соболь	Шакал

Зверь-амфибия

Белый медведь — житель Арктики, самый крупный наземный хищник. Бóльшую часть времени белые медведи кочуют по льдам Северного Ледовитого океана. Белый медведь прекрасно приспособлен к жизни в полярных морях: тело имеет обтекаемую форму, теплый густой мех и подкожный жир позволяют подолгу находиться в холодной воде.

Помоги медведю найти правильный путь среди льдин, и ты узнаешь сколько километров без отдыха он может проплыть.

1 путь — 35 километров

2 путь — 60 километров

3 путь — 80 километров

Царь зверей

Лев всегда считался царём африканской саванны. Его шею и голову украшает роскошная грива, которая служит для защиты. Лев, в отличие от других кошачьих, общественное животное: львы живут группами по 6–30 особей: львицы, их детёныши, и 1–2 самца. Прайду принадлежит определенная, довольно обширная территория примерно в 250 квадратных километров.

Найди числа, которые встречаются только один раз, и сложи их вместе. Сумма будет равна среднему весу одного льва.

Звери откладывают яйца?!

Эти удивительные звери откладывают яйца, как птицы или крокодилы. А уже из яиц появляются детёныши, и их выкармливают молоком (поэтому они относятся к млекопитающим), правда, молоко детёнышам приходится слизывать с брюшка матери, ведь сосков у этих древних млекопитающих нет.

Проведи по лабиринту утконоса и ехидну, и ты узнаешь сколько каждый из них откладывает яиц.

Копыта для бега

Большинство копытных — общественные животные, они почти всегда держатся небольшими группами или крупными стадами. Большая часть копытных обитает на открытых пространствах, и, чтобы успеть спастись бегством, они должны заметить хищников издалека. Поэтому у них длинные конечности, острое зрение и высоко поднятая на длинной шее голова. Копытные бывают двух видов: парнокопытные с чётным числом пальцев на ногах (2 или 4) (это свиньи, олени, бегемоты, жирафы, антилопы, козлы, бараны, быки) и непарнокопытные, у которых из пяти пальцев развит третий и покрыт копытом (это лошади, тапиры, носороги).

Впиши по горизонтали названия парнокопытных, и ты узнаешь названия двух видов вымерших непарнокопытных.

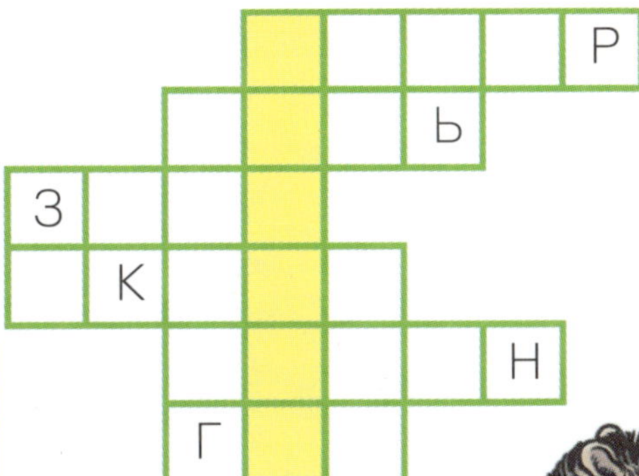

СЛОВАРИК

Баран
Буйвол
Гаур
Гну
Зубр
Кабарга
Канна
Лань
Окапи
Орикс
Сайгак
Тапир

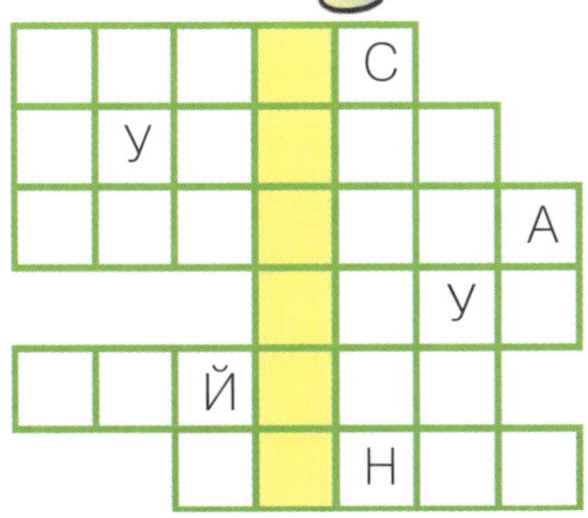

Чьи рога?

На головах большинства жвачных красуются порой весьма причудливые костные наросты — рога. У одних животных они растут постоянно, а у других меняются из года в год. Чаще всего рога есть только у самцов.

Помоги каждому животному найти свои рога.

Антилопа Канна

Лось

Орикс

К заданию на странице 124

Жираф

Северный олень

Винторогий козёл

Буйвол

Четвёртый лишний

Обведи названия животных, которые не принадлежат к каждой группе. Выпиши буквы рядом с «лишними» словами под соответствующие цифры внизу страницы и узнай: как можно назвать больного динозавра? Помоги ему излечиться, раскрась картинку.

1 **Птицы**

П малиновка
А дрозд
Б корова
З ворона

2 **Насекомые**

О змея
В божья коровка
Г оса
Ч пчела

3 **Собаки**

М колли
Ж гончая
О овчарка
Л вол

4 **Пресмыкающиеся**

Д змея
Ь лошадь
Я черепаха
И аллигатор

5 **Домашние животные**

Н тигр
С свинья
Ш корова
Е курица

6 **Животные джунглей**

У лев
Т гепард
Б тигр
О крыса

7 **Животные зоопарка**

Ц медведь
К жираф
З собака
Б зебра

8 **Животные океана**

Д осьминог
В кит
Л акула
А верблюд

9 **Рыбы**

В енот
Я окунь
С тунец
П камбала

10 **Домашние питомцы**

Г кошка
У собака
Ж хомяк
Р слон

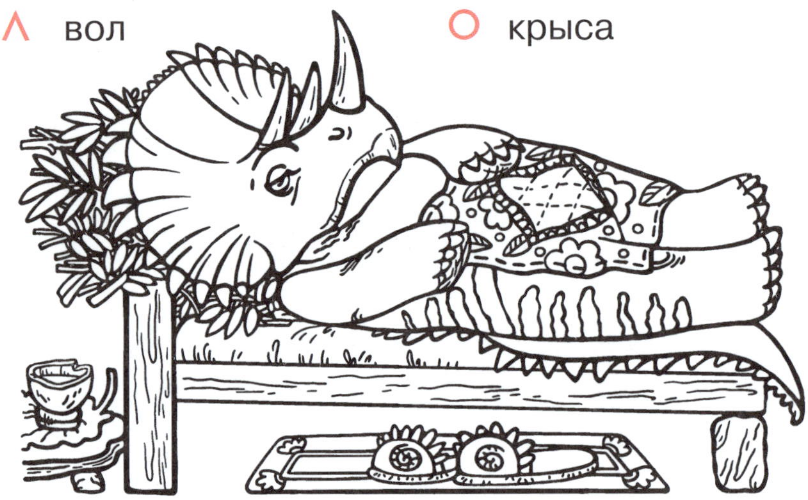

1 2 3 4 5 6 7 8 9 10

____

Самое длинноше-е-е-е...

Жираф — это несомненно самое высокое из современных животных. У него очень мощное сердце и особая кровеносная система с клапанами, чтобы закачивать кровь на высоту нескольких метров. Питаются они в основном листьями акации, чьи колючки не причиняют животному беспокойства.

Вычти из 100 все повторяющиеся числа, и ты узнаешь высоту жирафа.

Настоящий гигант

Очень разнообразны животные и по своим размерам. Среди них есть и настоящие гиганты, и карлики. Самое большое животное на нашей планете достигает в длину 30 метров, а вес его может равняться весу 50 слонов или 150 крупных быков. Его сердце весит 700 килограмм (столько же, сколько бурый медведь), а язык — 3 тонны.

Найди в квадратах только те буквы, которые написаны в «домиках», составь словосочетание — это название животного-гиганта и впиши его размеры и название в диаграмму на стр. 131.

Китовая диаграмма

Киты — это тоже млекопитающие. Существует два вида китов — зубастые и усатые. Синие, серые и горбатые киты относятся к усатым китам. С их верхней челюсти свисают тысячи роговых пластин с бахромчатым краем — так называемый китовый ус. Киты набирают в огромную открытую пасть воду с планктоном (мелкие морские растения и животные). Затем рот захлопывается, вода языком выдавливается через «цедилку» из пластин уса, а всё съедобное, что оседает на бахроме, отправляется в глотку — кстати, она у этих гигантов совсем небольшая, в нее с трудом пройдёт кулак человека.

Составь диаграмму длины китов, начиная с самого маленького.

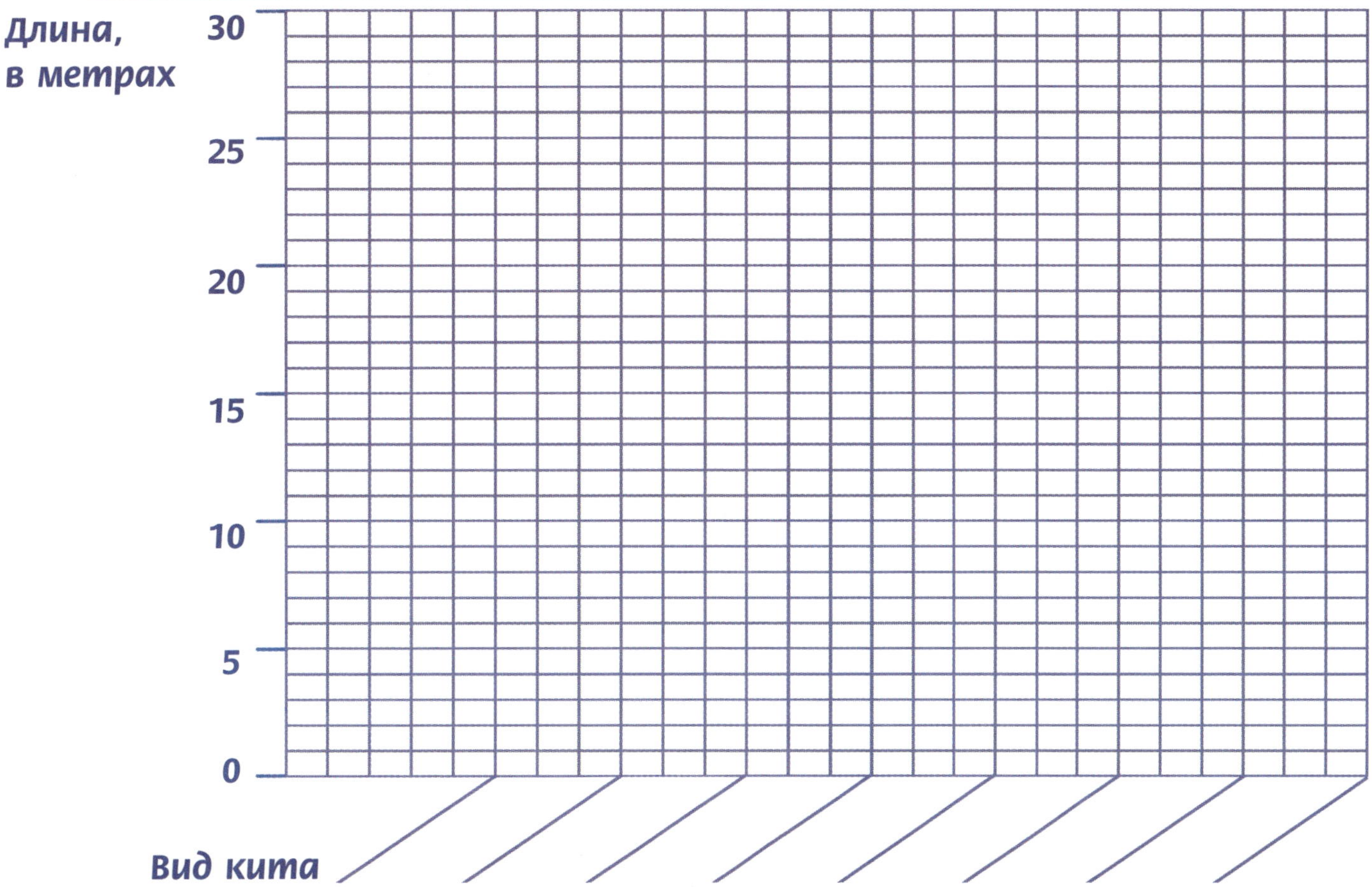

Длина китов: афалина — 4 метров, гренландский — 18 метров, косатка — 10 метров, кашалот — 20 метров, кит-горбач — 15 метров, нарвал — 6 метров, серый — 15 метров, голубой — 30 метров.

Морские жители

Океаны и моря являются домом для многих видов растений и животных. Большая часть животных — рыбы, млекопитающие, пресмыкающиеся, моллюски и ракообразные живут в верхних, освещённых солнцем слоях. Однако распределены они неравномерно. Так же, как и на суше, в океане есть пустыни и джунгли. Прибрежные участки моря — это своего рода джунгли. Они плотно населены благодаря обилию «пищи».

Распредели морских животных по группам:

Пресмыкающиеся

Млекопитающие

Ракообразные

Рыбы

Моллюски

СЛОВАРИК

- Акула
- Дельфин
- Дюгонь
- Кальмар
- Кит
- Кожистая черепаха
- Краб
- Креветка
- Лобстер
- Морж
- Морской конёк
- Морской моллюск
- Морская черепаха
- Осьминог
- Скат
- Тюлень
- Угорь
- Устрица

Соль земли

Если сравнить океанскую воду с кровью животного, то можно обнаружить поразительное сходство между ними. В медузах, омарах, акулах, некоторых видах рыб, в лягушках, собаках и людях жидкости содержат те же соли и почти в той же пропорции, что и морская вода. А некоторые морские беспозвоночные, как, например, морская звезда, могут временно заменять свою «кровь» океанской водой. И в этом нет ничего удивительного, поскольку все живые существа, так сказать, вышли из моря и находятся в отдалённом родстве между собой.

Распредели водных жителей по их среде обитания.

СЛОВАРИК

Актиния
Губка
Жук-плавунец
Каменный краб
Карась
Карп
Кашалот
Килька
Коралл
Краснопёрка
Линь
Медуза
Морская звезда
Морской ёж
Мурена
Налим
Озёрная лягушка
Окунь
Омар
Пескарь
Пиявка
Плотва
Речной рак
Рыба-бабочка
Рыба-луна
Рыба-пила
Рыба-игла
Синий кит
Скат
Сом
Судак
Трёхиглая колюшка
Тритон
Уж

Замечательные дома

Почти каждому животному нужен свой дом, где оно сможет отдохнуть или вывести потомство, и здесь природа очень изобретательна! Высоко на дереве — дом иволги — плетёная корзиночка; в дупле — дома белок, дятлов, синиц, скворцов, сов. Под землёй — дома крота, мышей, барсука, ласточек-береговушек, зимородка и разных насекомых.

Найди каждому животному свой дом.

Домашние крылатые

На земле обитает больше миллиона видов диких животных, а люди приучили и одомашнили всего несколько десятков. Одомашненных птиц и того меньше, но они незаменимые помощники человека. Домашняя птица разучилась летать, благодаря чему её легко разводить. Самая главная сельскохозяйственная птица — это, конечно, курица, она даёт человеку мясо и до 300 яиц в год, тогда как дикие предки домашних кур — самое большее — 30, да и мясо их было жёсткое.

Проходя лабиринт, читай буквы только в тех кружочках, где сумма цифр равна числу 7 (например: число 34, складываем 3 + 4 = 7), и ты узнаешь, яйца какой птицы содержат в 3 раза больше витамина А, цинка и меди; в 4 раза больше калия и железа, в 5 раз больше витаминов группы В, чем куриное яйцо.

ПЕРЕПЕЛ

Где родился… там и приспособился

Практически все климатические зоны (горы, джунгли, лес, пустыня, саванна, тундра) нашей планеты обитаемы, потому что животные в ходе эволюции проявляют чудеса приспособляемости к внешним условиям среды. Также в результате этого проявляется видовое разнообразие в рамках даже одного вида. Например, так произошло у гавайских цветочниц — они изменили форму клюва. Одни — чтобы питаться нектаром, другие — семенами, третьи — насекомыми.

Перед тобой обитатели разных природных зон. Подпиши под каждым животным местность, где он живёт. Выпиши буквы из выделенных клеточек и составь слово.

Тушканчик

Попугай ара

Страус

Енот

Овцебык

Баран

Кто где живёт?

На планете Земля 6 материков: Евразия, которая состоит из Европы и Азии, это самый крупный материк (площадь — 54,9 миллионов квадратных километров), Африка (площадь— 30,32 миллионов квадратных километров), Северная Америка (площадь вместе с островами — 24,25 миллионов квадратных километров), Южная Америка (площадью 17,83 миллионов квадратных километров), Антарктида (площадь — 14 110 тысяч квадратных километров) и Австралия (площадь — 7687 тысяч квадратных километров).

Подпиши материки и соедини каждое животное с его материком.

6

Койот

1

Тасманийский дьявол

2

Олень

5

Шиншилла

3

Галапагосский пингвин

4

Бегемот

Животные делают запасы

Осенью у животных начинается активная подготовка к суровому зимнему периоду. Сойка зарывает жёлуди про запас. Выбирает самые спелые, только часто забывает про них, и весной из этих желудей вырастают молодые дубки. Глухарь глотает камешки на речной отмели. Зимой он клюет хвоинки, мерзлую клюкву, а камешки, как жернова, перетрут пищу в глухарином зобу. Белка собирает орехи и жёлуди. Складывает их в дупло, а грибы развешивает на колючих сучках.

Помоги трём бурундукам поровну поделить собранные орехи, тогда ты узнаешь сколько килограммов орешков запасает для себя один бурундук (1 орех условно равняется 1 килограмму).

Будь готов! Всегда готов!

Животные по-разному готовятся к наступлению зимы: одни накапливают жир и впадают в спячку, при этом температура их тела понижается, а сердце бьётся медленно, некоторые же, напротив, остаются активными в течение всей зимы, другие запасаются «провиантом» на голодные времена.
А большинство птиц мигрирует на зиму в тёплые края.

Выпиши животных из словарика в свою группу.

СЛОВАРИК

Барсук	Гусь	Косуля	Лось	Рысь
Белка	Ёж	Кулик	Медведь бурый	Сова
Бурундук	Журавль	Ласточка	Мышь	Сойка
Волк	Заяц	Лиса	Олень	Сурок

Зимой и летом не одним цветом

Тело большинства теплокровных животных покрыто перьями или мехом, и все они линяют постепенно в течение года, а животные, обитающие там, где есть снежные зимы, линяют 2 раза в год. Зимний наряд гораздо гуще и теплее, чем летний, и окраска его у некоторых видов меняется.

Найди здесь животных, которые меняют окрас на зимнее время.

Песец

Горностай

Белая куропатка

Заяц-беляк

Кабан

Сайгак

Полярная сова

Белка

Лесные письма

Звери всё больше лапами «пишут». Кто всей пятерней, кто четырьмя пальцами, а кто копытом. Случается и хвостом «расписаться» и носом, и брюхом. Птицы, те тоже лапками да хвостом, а ещё — крыльями.

Каждый лесной житель «расписывается» своим почерком, а люди научились расшифровывать их «письма», попробуй и ты! По этой снежной поляне прошли: белка, заяц, кабан, лисица, лось, медведь, сорока и утка. Найди и скажи, чьи следы маловероятно встретить зимой. Почему?

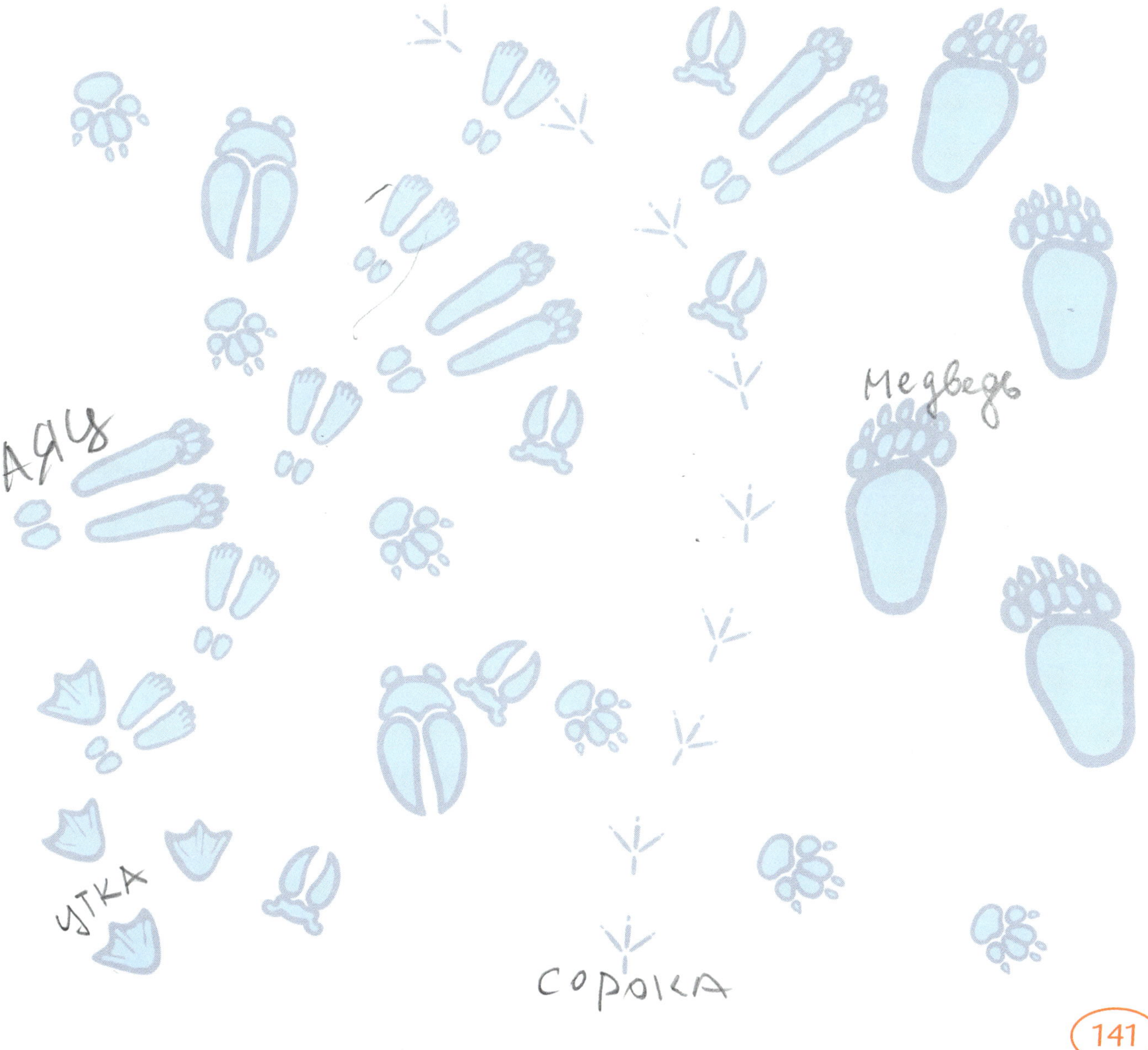

Природа после захода солнца

Многим животным свойственен дневной образ жизни, но есть и такие, для которых характерна ночная жизнь. Они ночью кормятся, охотятся, выводят потомство. Чтобы нормально существовать в условиях полной темноты, у животных этих выработались определённые приспособления. Например, летучие мыши, благодаря издаваемым ультразвуковым волнам, могут летать в темноте. А некоторые ночные жители, такие как лемуры, обладают огромными глазами с сильно расширяющимися зрачками.

Вырежи со стр. 145 фигурки животных. Рассели ночных обитателей на фоне ночи, а тех, кто ночью спит, — на дневном фоне.

Помощники человека

Многие домашние животные живут рядом с человеком очень давно — несколько тысяч лет. Люди приучили их в глубокой древности, сделали своими надежными помощниками и друзьями. Домашние животные дают человеку молоко и яйца, мясо и шерсть, мёд, пух и даже шёлк. Они перевозят грузы, несут сторожевую службу, помогают в хозяйстве.

Найди на рисунке контуры домашних животных. Сосчитай, сколько всего животных нарисовано.

К заданию на странице 143

Киты в игре

Правила игры: играют как в обычное домино, каждый берет 6 карточек с «базара». Начинает тот, у кого карточка с изображением двух одинаковых китов, если таких людей больше 2-х, то начинает тот, у кого кит самый маленький, если подзабыл размеры, посмотри «китовую диаграмму» на стр. 131.

Отрежь страницы, приклей их на картон или плотную бумагу, а когда клей хорошо просохнет, карточки можно вырезать.

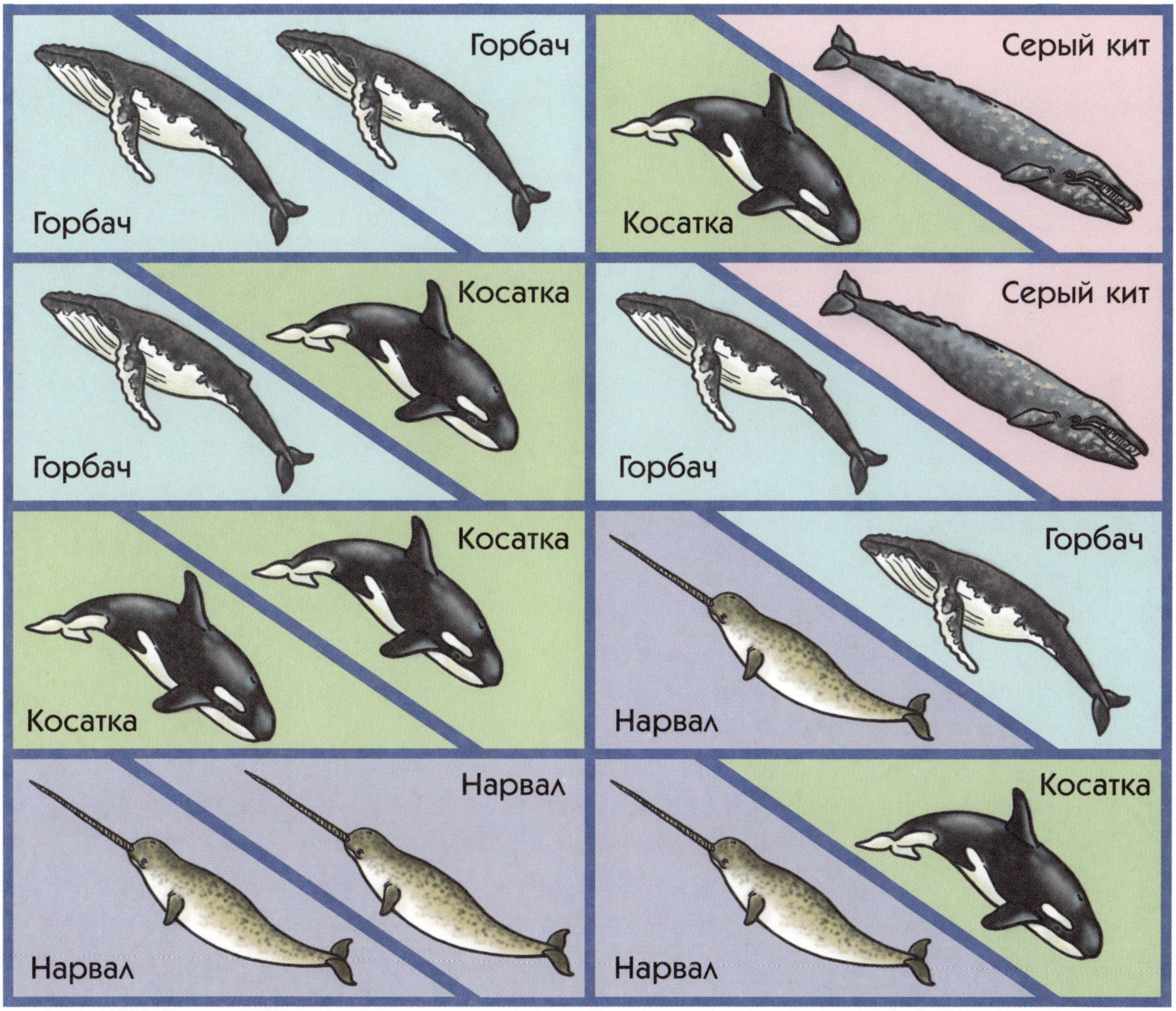

К заданию на странице 147

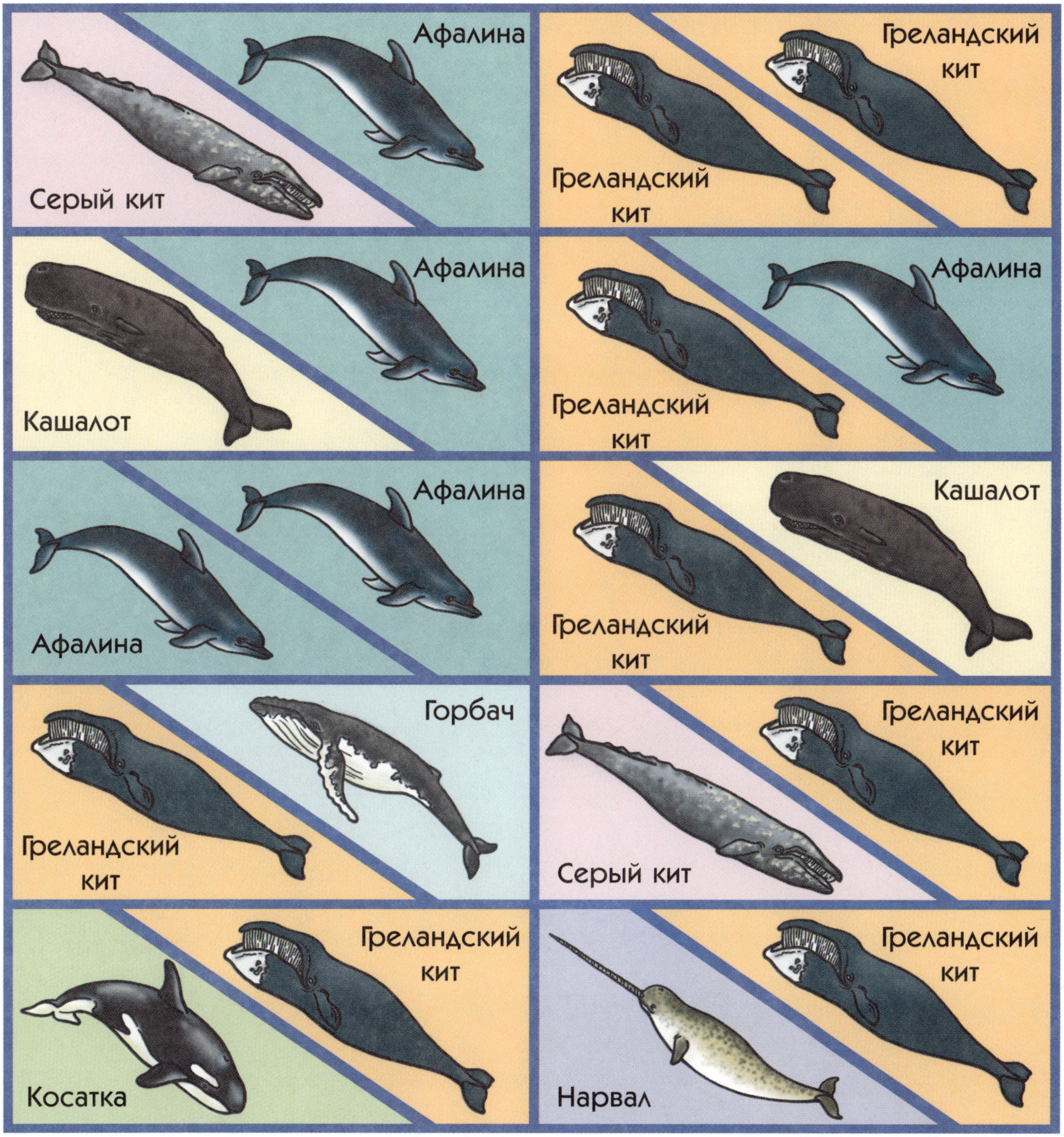

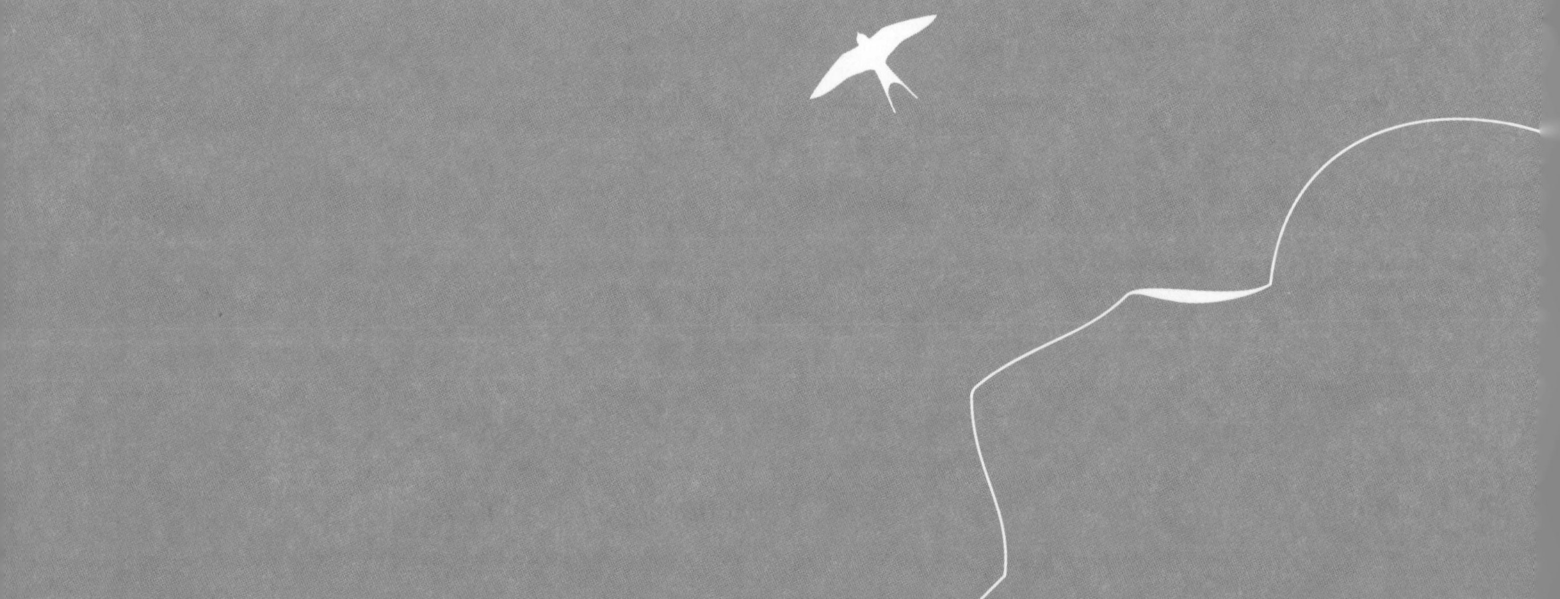

К заданию на странице 147

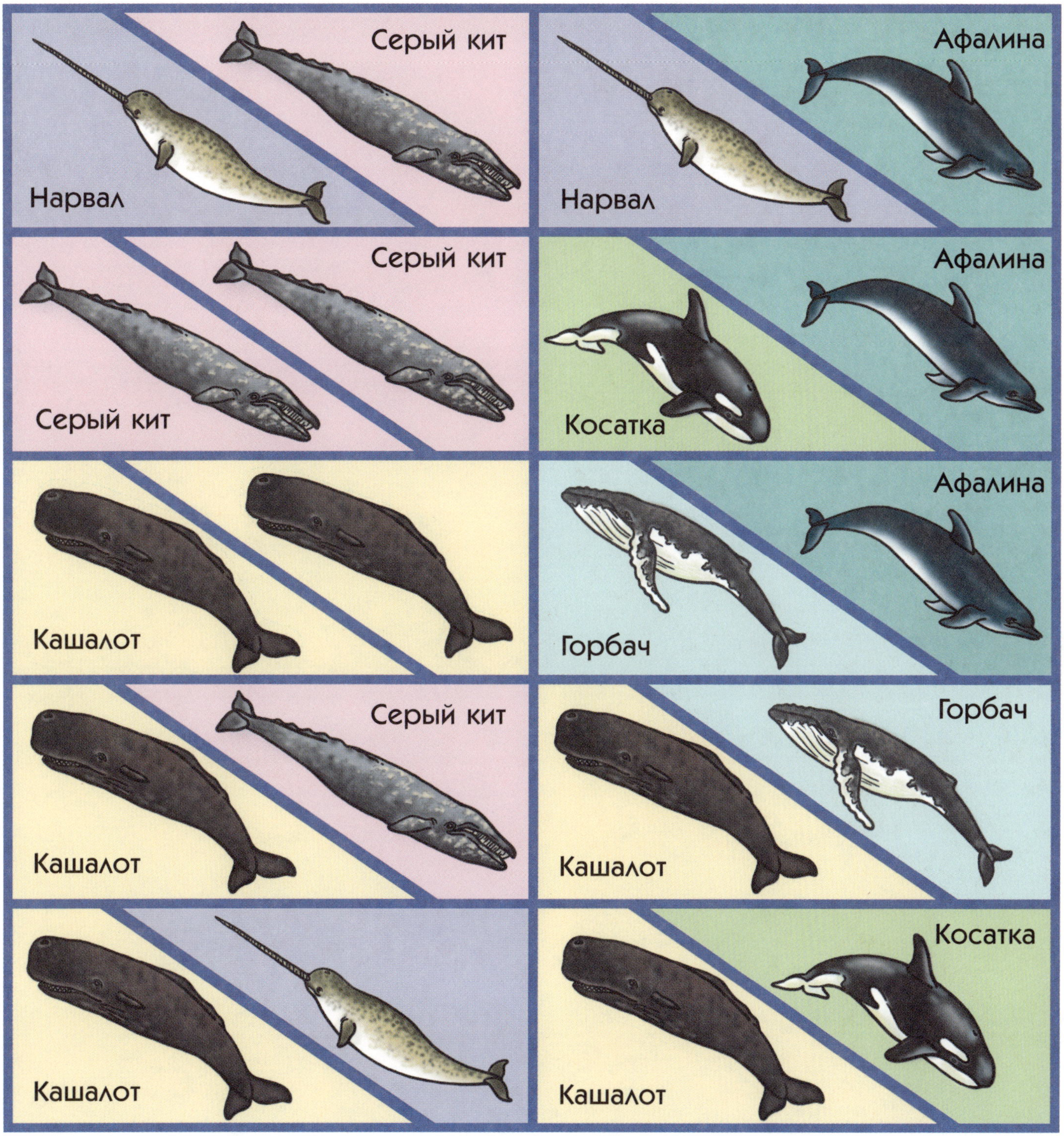

Разгадай кроссворд и узнаешь, кто как поет и что зашифровано.

1. Кто поёт жаберными крышками?
2. Может сказать «Привет!»
3. Поёт ногами.
4. Не бык, а ревет, не лиса, а рыжая.
5. Не барашек, а блеет.
6. Рыжехвостое животное. Лает.
7. Кто ухает ночами?
8. Птица, чей нос — барабанная палочка, а барабан — дерево.
9. Распугивает ночных существ трубным гудением «В-у-у».
10. Кто скрипит своей жёсткой шеей?
11. Может лаять, гудеть, звенеть, как колокол.
12. Кто воет на луну?
13. Из семейства оленей, кашляет.
14. Кто трещит одной половинкой клюва о другую?
15. Её любимая песня про тень: «Тень-тень-тень».
16. Создает много писка из ничего.
17. Жужжащее насекомое.

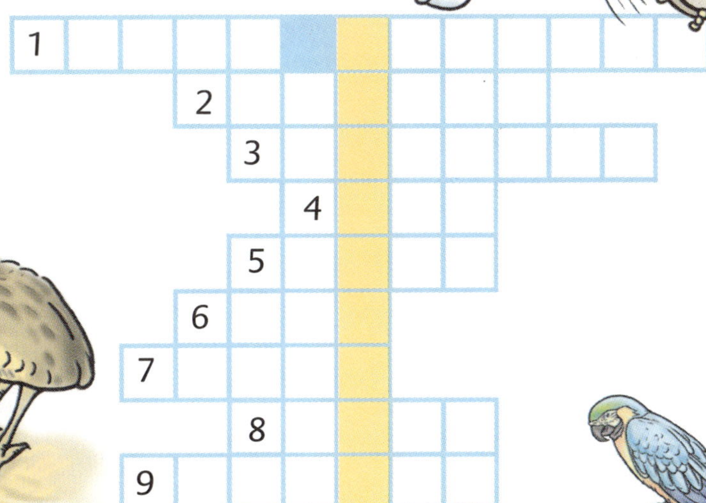

СЛОВАРИК

Аист
Бекас
Волк
Выпь
Дятел
Жук-усач
Косуля
Кузнечик
Лирохвост
Лиса
Мышь
Неясыть
Пеночка
Петух морской
Попугай
Пчела
Филин

Как вы это сделали?

Ты задействуешь многие части своего тела, чтобы совершить даже малейшее движение.

Напиши части тела, необходимые для выполнения следующих действий:

- Разговаривать с приятелем по телефону.

- Читать книжку.

- Надевать шапку.

- Задувать свечки на пироге.

- Есть мороженое в стаканчике.

- Ехать на велосипеде.

Тело и наши действия

Прочитай задания в табличке. Закрась клетку, которая соответствует той части тела, с помощью которой ты выполнишь задания.

	 Голова	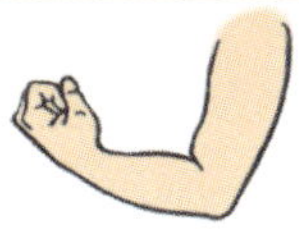 Руки	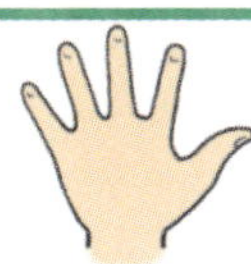 Кисти	 Ноги	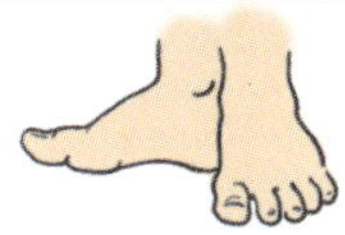 Ступни
 Мыть посуду					
 Играть в футбол					
 Играть на скрипке					
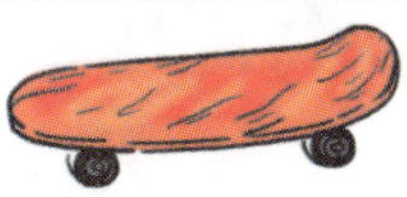 Кататься на скейте					
 Делать уроки					
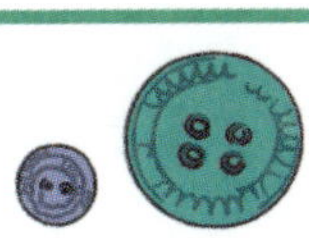 Пришивать пуговицу					

Найди в буквенном квадрате названия частей тела.

СЛОВАРИК

Глаз	Кожа	Мышцы
Голова	Кость	Рука
Горло	Кровь	Сердце
Желудок	Лёгкие	Скелет
Зубы	Мозг	Ступня

Ц	С	Е	Р	Д	Ц	Е	Д	С	Е
О	К	Е	Г	С	И	Л	Ю	Т	Н
П	Е	Г	О	Л	О	В	А	У	О
Я	Л	Л	Р	А	Ш	К	Ф	П	Б
Б	Е	А	Л	К	Я	Л	Д	Н	И
К	Т	З	О	Р	У	К	А	Я	Ж
О	В	А	З	О	М	О	З	Г	И
Ж	И	У	Г	В	Н	С	У	Л	К
А	М	Э	Р	Ь	И	Т	Б	Е	Е
З	С	Щ	Ь	Е	Е	Ь	Ы	Г	З
М	Ы	Ш	Ц	Ы	Б	Т	О	К	П
Ж	Е	Л	У	Д	О	К	У	И	С
Н	Р	Х	А	М	Ф	О	К	Е	Л

Расположи буквы в правильном порядке, чтобы получилось слово, обозначающее часть тела. Затем раскрась рисунок.

- О Г М З
  коричневый
  ____
- О Л Н К О Е
  зелёный
  ____
- Л Ж О К Д Е У
  жёлтый
  ____
- Д Ц С Е Р Е
  красный
  ____

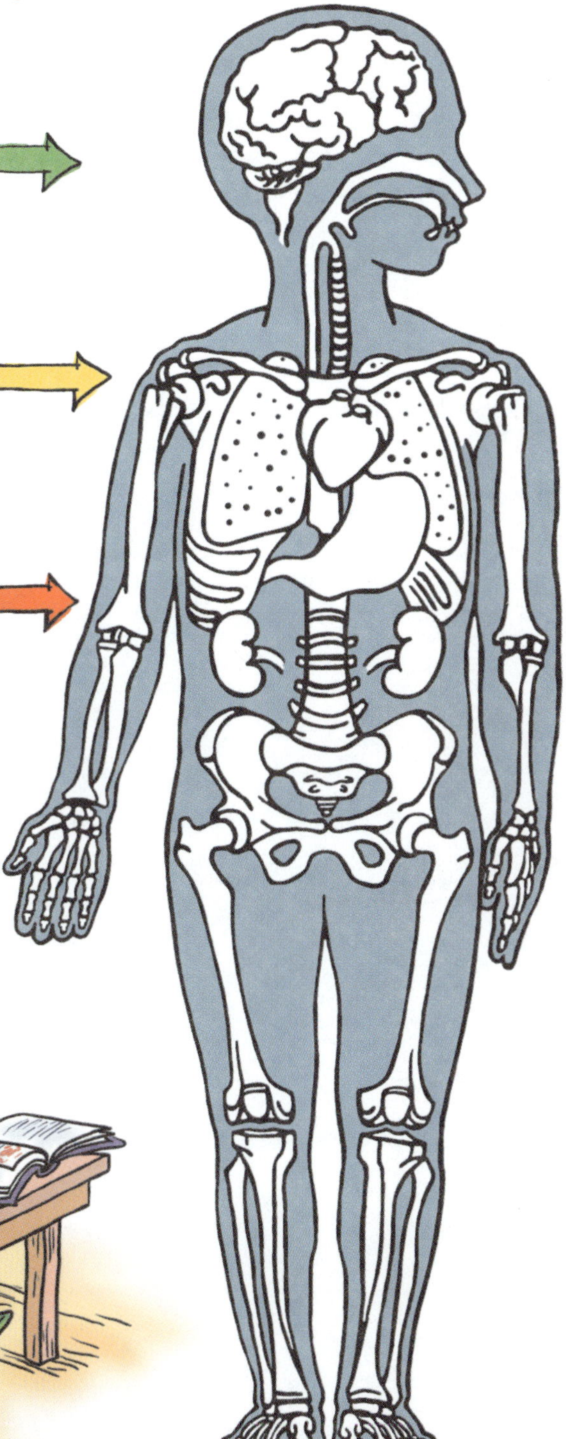

- Е И Л Г Е К
  синий
  ____
- Т О И К С
  оранжевый
  ____
- Р Л О Г О
  розовый
  ____
- Ч И К П О
  фиолетовый
  ____

Кости «строят» твоё тело

Кости формируют твоё тело. Они помогают тебе стоять прямо. Ты можешь нащупать большую часть своих костей под кожей.

Проведи линию от каждой группы костей к той части тела, где она находится. Воспользуйся словариком, чтобы подписать названия костей.

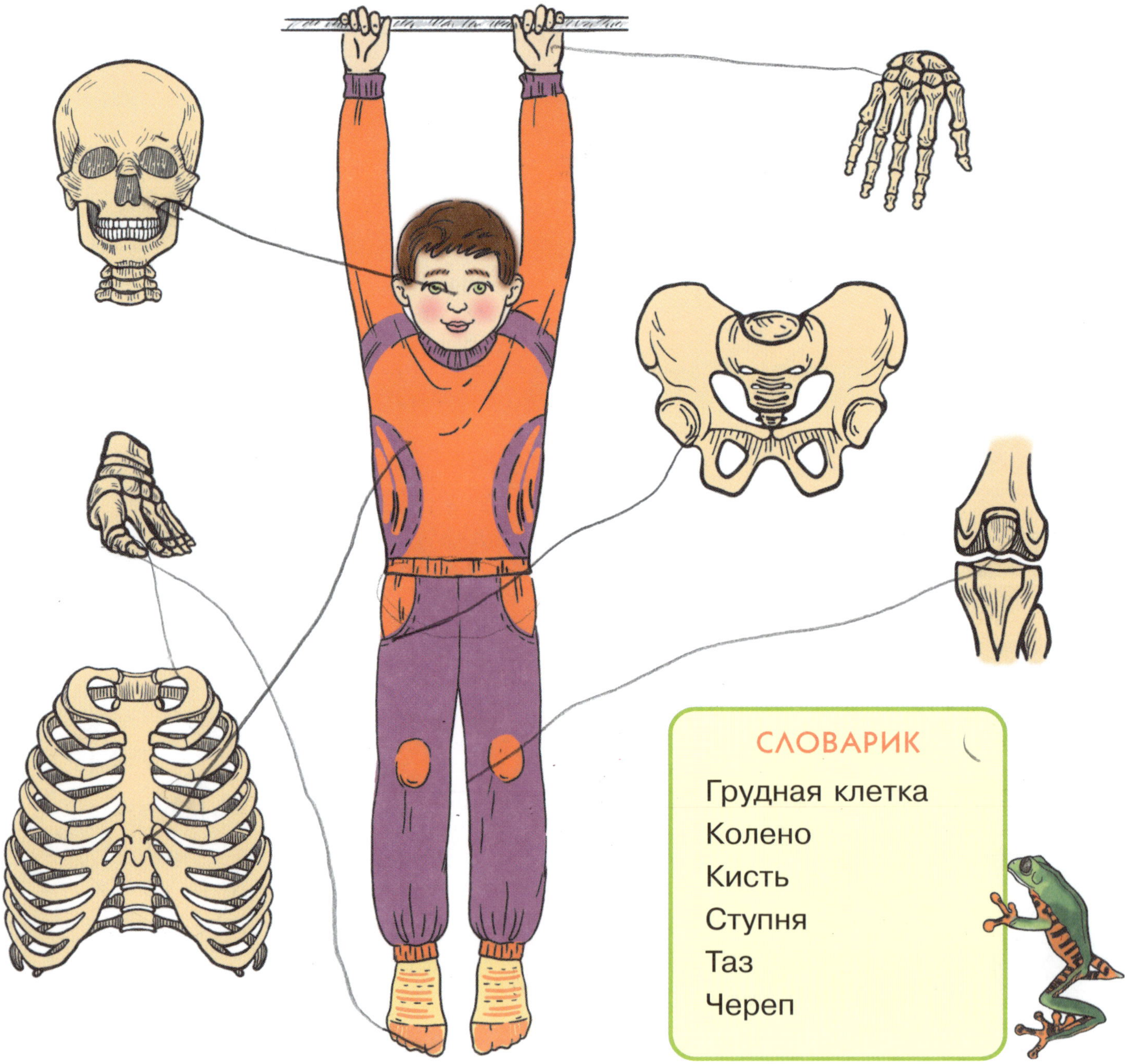

СЛОВАРИК

Грудная клетка
Колено
Кисть
Ступня
Таз
Череп

Скрещённые кости

По горизонтали:

1. Они защищают сердце и лёгкие. **2.** Соединяет твои ноги со ступнями. **3.** Вся «коллекция» твоих костей. **4.** Важная часть спины.

По вертикали:

5. Защищает твой мозг. **6.** Находятся на концах рук и ног. **7.** С его помощью сгибаются твои ноги.

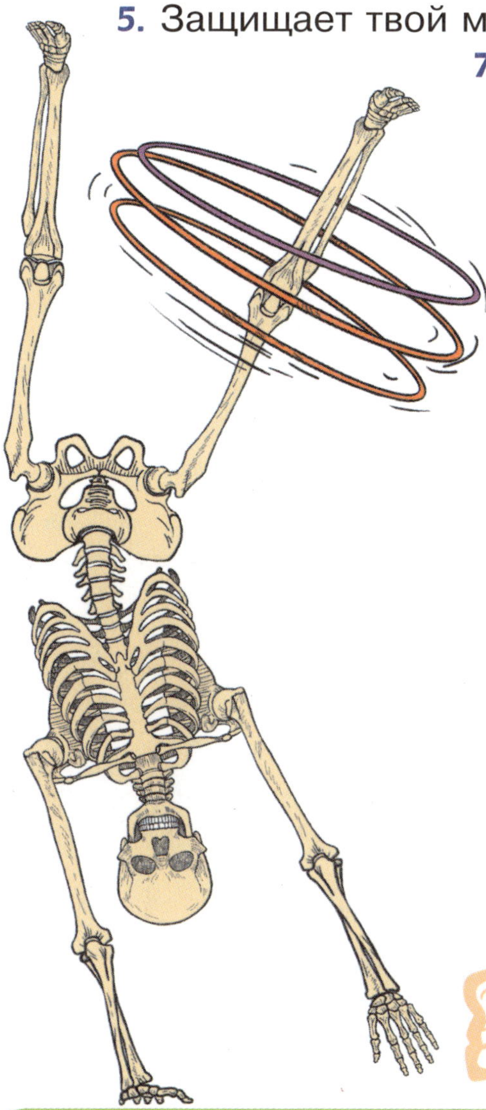

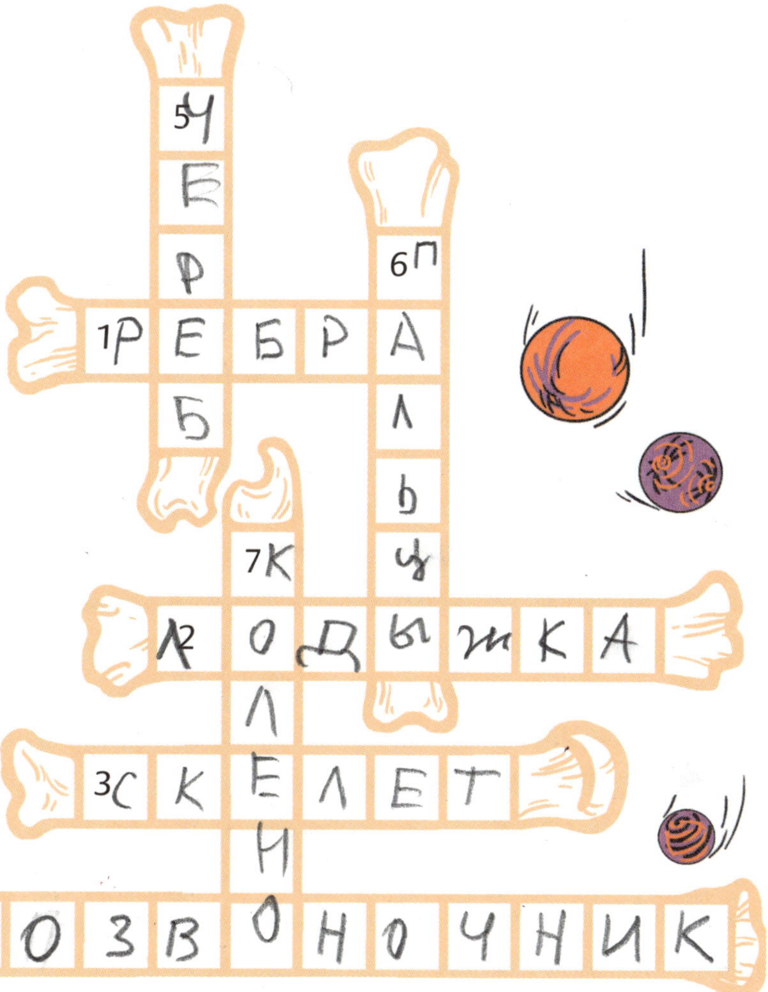

СЛОВАРИК

Колено	Пальцы	Рёбра	Череп
Лодыжка	Позвоночник	Скелет	

Крепкие кости

Скелет — это каркас твоего тела, он состоит из 206 костей, у которых есть две основные задачи: поддерживать тело в прямом положении и защищать от повреждений внутренние органы. Внешняя часть кости состоит из кальция, который делает кости крепкими.

Как ты думаешь, что произойдёт, если не будет хватать кальция? Чтобы узнать это, проведи эксперимент.

Что потребуется:

варёная куриная косточка; банка с водой; уксус.

ЭКСПЕРИМЕНТ

1. Очисти и вымой куриную косточку, положи её в банку и залей одной чашкой уксуса (он разрушает кальций).
2. Плотно закрой банку и дай ей постоять 2 недели.
3. Когда пройдёт 2 недели, ответь на вопросы: Как изменился вид куриной косточки? Что произошло бы с телом при отсутствии кальция?

Кости работают

В любом твоём движении участвуют кости скелета. Напиши рядом с каждым действием группу костей, которые при этом приходят в движеение. Какие кости задействованы чаще других?

Нога

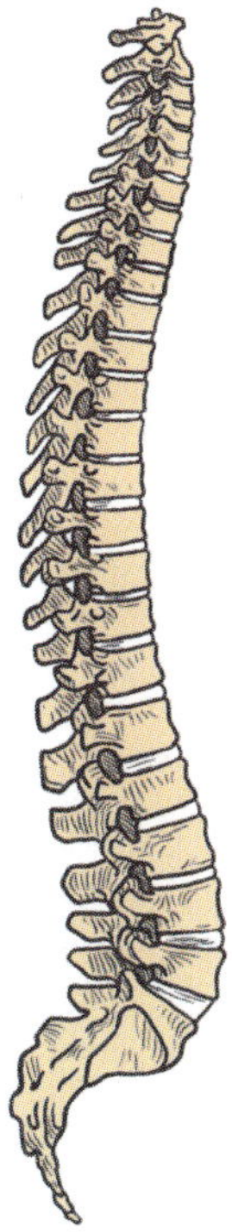

Позвоночник

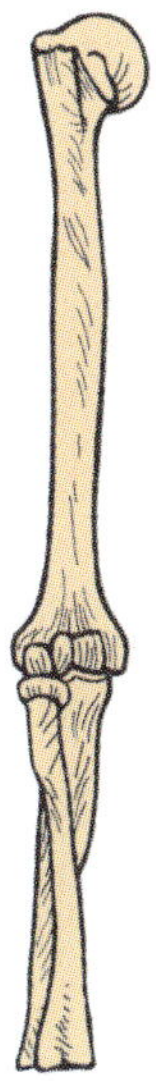

Рука

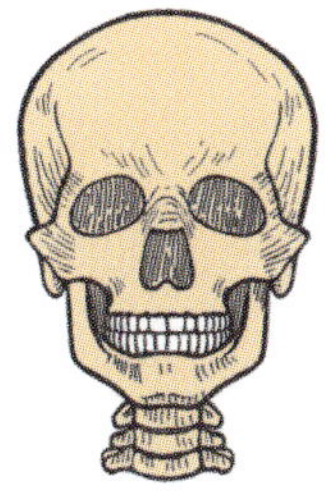

Череп

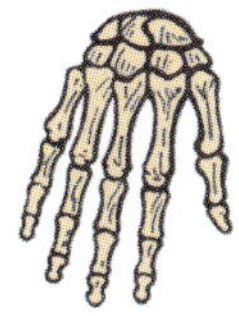

Кисть

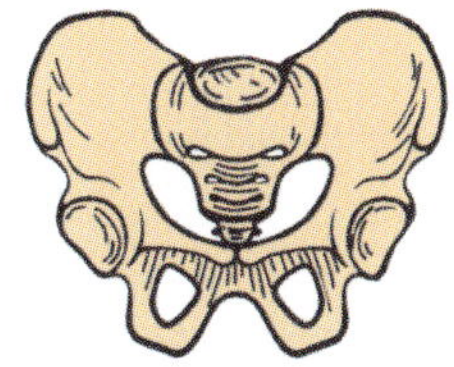

Таз

Подниматься по лестнице

Держать поводок

Сидеть на стуле

Плавать в реке

Есть суп

- Чаще всего действуют:

Что внутри?

Если бы ты мог заглянуть под свою кожу, чтобы ты там обнаружил? Ты бы увидел мышцы, кости, сердце, мозг и ещё много других органов. Кости скелета очень важны: они помогают двигаться, защищают внутренние органы тела, создают новые кровяные клеточки.

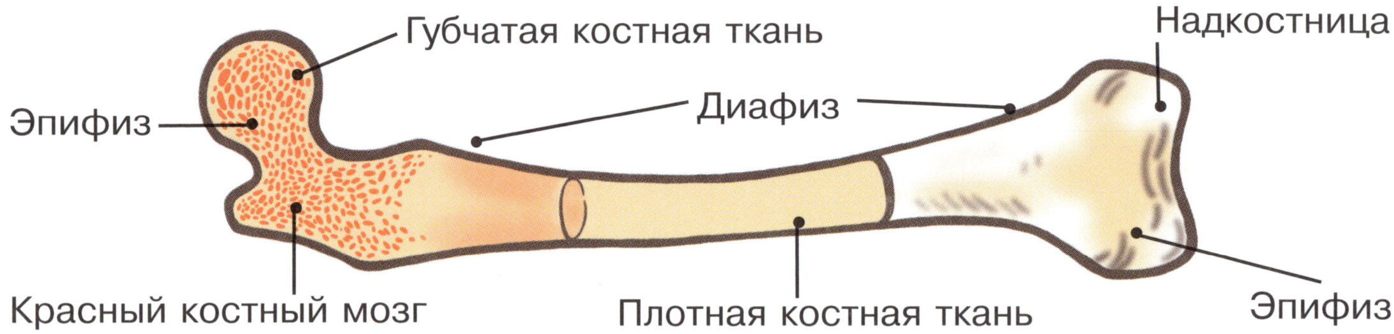

Создай свою модель человеческого организма, чтобы посмотреть, как он устроен. Для этого потребуется внимание при чтении и аккуратность в собирании моделей. Начнём со скелета — костной основы организма. Вырежи части скелета по пунктирным линиям на стр. 173, правильно составь по образцу и приклей на бумагу.

Скелет

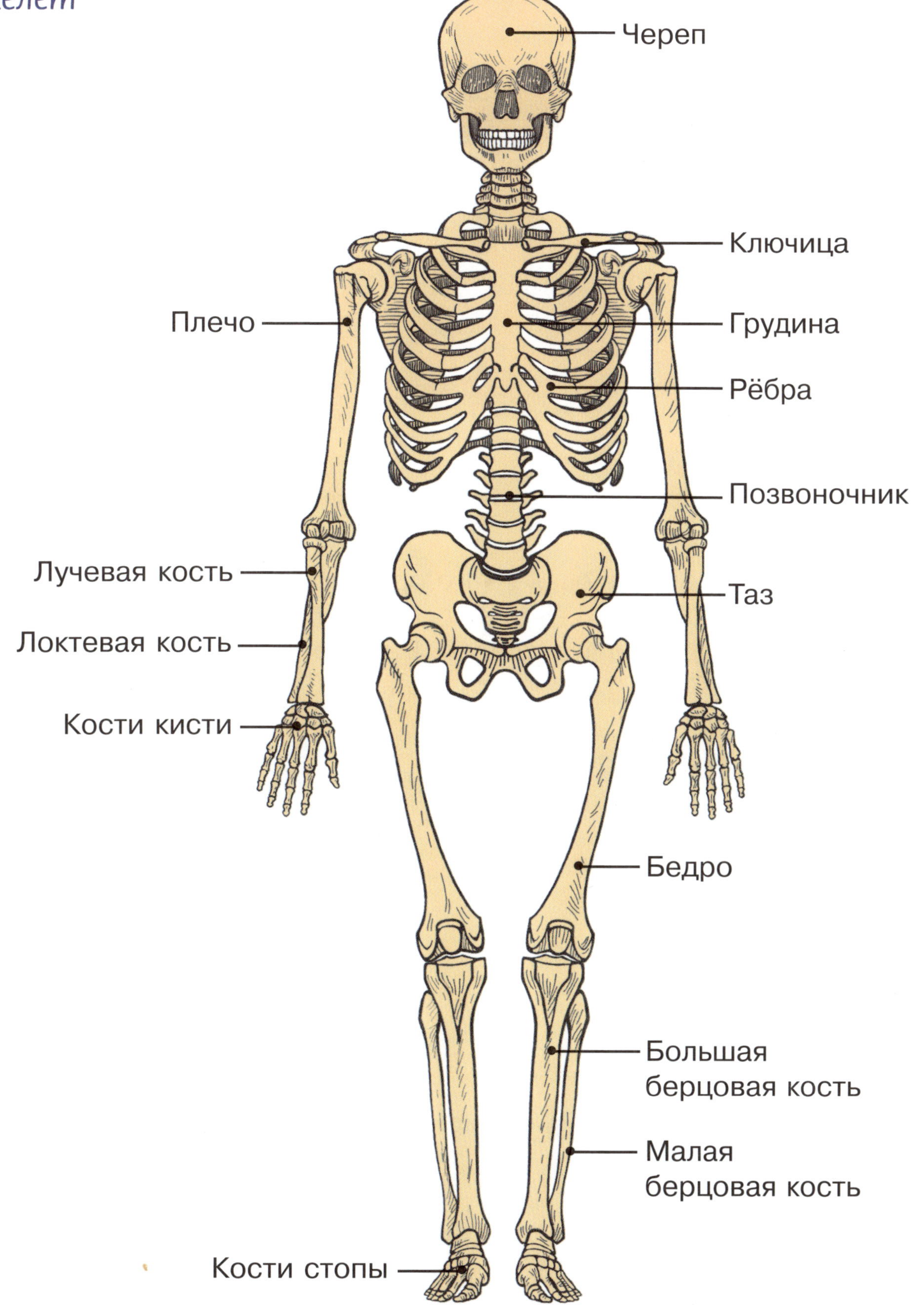
Череп
Ключица
Плечо
Грудина
Рёбра
Позвоночник
Лучевая кость
Таз
Локтевая кость
Кости кисти
Бедро
Большая берцовая кость
Малая берцовая кость
Кости стопы

Факты о мышцах

В соревнованиях победили три спортсмена. Впиши номера на футболках спортсменов в порядке их расположения на призовых местах, и узнаешь интересные факты о мышцах. Сосчитай общее количество мостов  на рисунке, и ты узнаешь сколько лет самому младшему спортсмену.

1

... мышц находится в теле

2

... % массы тела занимают мышцы

3

у человека ... мимических мышц

Двигательная активность

Попробуй сделать эти упражнения и определить, как на них реагирует твоё тело (появляется ли учащенное сердцебиение, начинаешь ли ты дышать тяжелее и быстрее, появляется ли пот):

- Прошагать на месте в течение 2 минут. ....
- Постоять на месте в течение 30 секунд. ....
- Обойти 6 раз вокруг стола. ....
- Сделать 15 приседаний. ....
- Подпрыгнуть 25 раз. ....

Дети пробежали, и из пословицы вылетели все гласные буквы, только «А» чудом осталась. Отгадай пословицу.

Б•Р•Г• ПЛ•ТЬ• С Н•В•,
А ЗД•Р•ВЬ• — С М•Л•Д•

Мощные мышцы

В нашем теле более 600 различных мышц, каждая из которых выполняет свою определенную задачу, помогая телу двигаться. А какая мышца самая сильная? Это мышца сердца.

Проведём опыт, чтобы увидеть, как работают мышцы.

Что потребуется:

две куска картона размером 22,5 сантиметров на 5 сантиметров; один болтик; верёвка длиной 22,5 сантиметров и 30 сантиметров; изолента.

ЭКСПЕРИМЕНТ

Наложи два кусочка картона один на другой и соедини их при помощи болтика. Затем прикрепи изолентой концы короткой верёвки к серединкам соединённых кусков картона, а длинную верёвку прикрепи свободно вдоль внешней стороны соединённых кусочков картона. Так выглядит мышца в состоянии покоя. Очень похоже на то, как твоя рука свободно опущена вдоль туловища. Теперь положи «руку» на стол и потяни за короткую верёвку, чтобы «согнуть» эту «мышцу». Чтобы опять вытянуть «руку», потяни за длинную верёвку.

Согнутая «мышца»

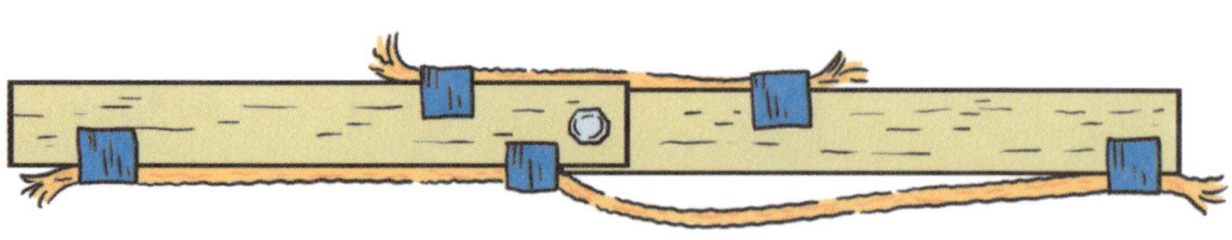

«Мышца» в состоянии покоя

Модель для сборки: мышцы

Вырежи рисунок по квадратам и с помощью модели мышц на стр. 169 собери его. Не торопись приклеивать, сначала убедись, что всё собрано правильно.

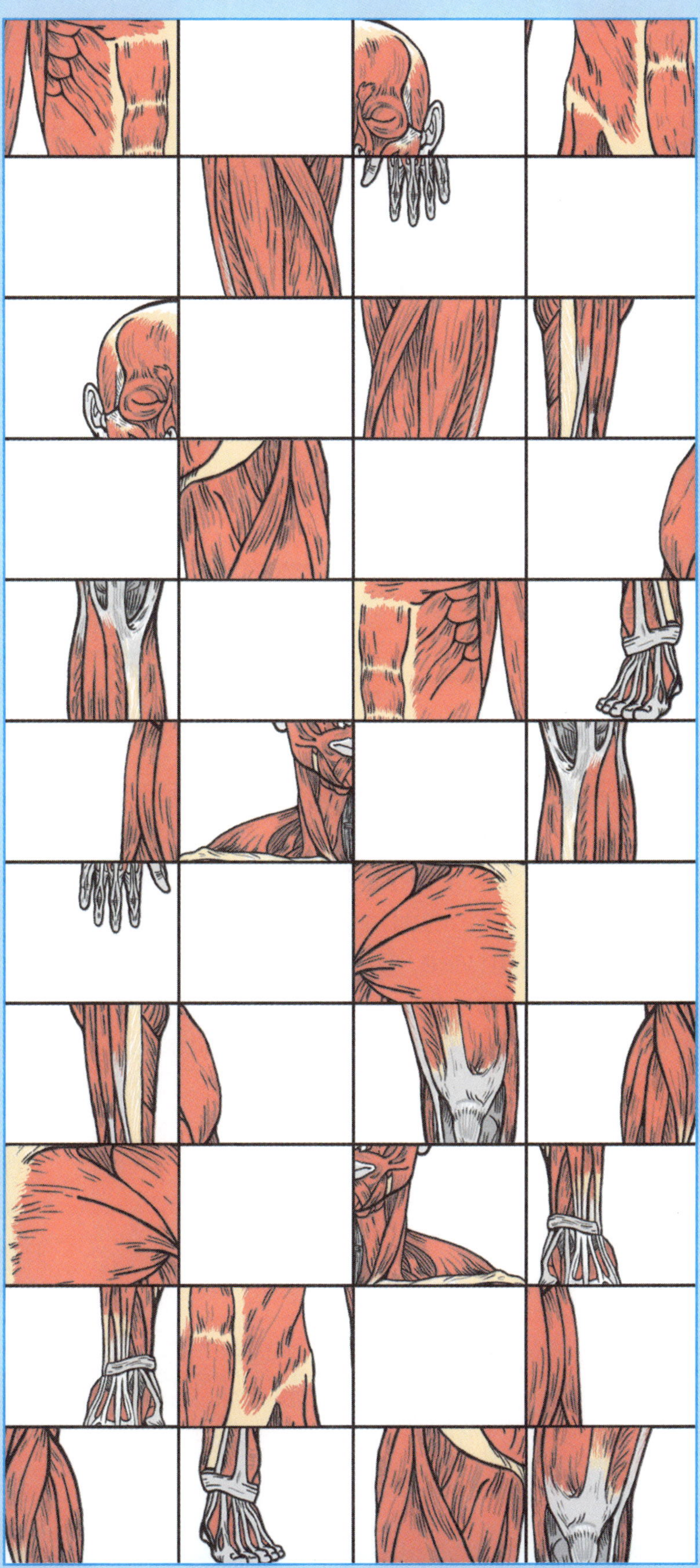

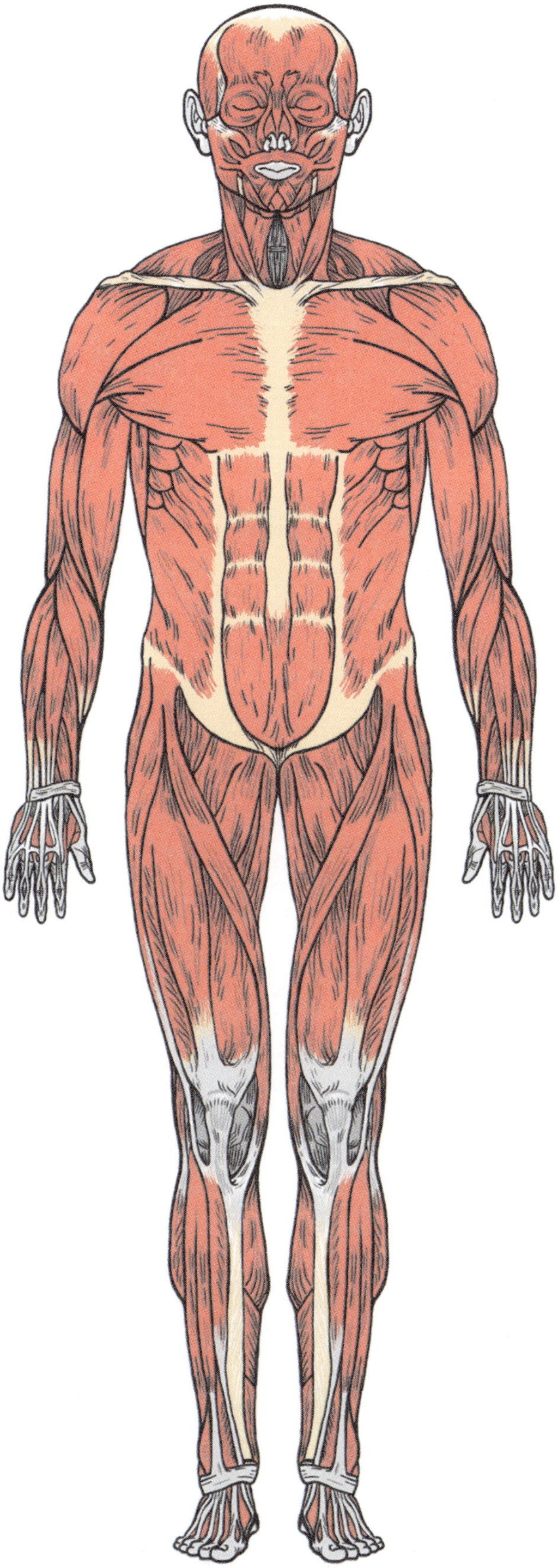

Забавные факты

Попробуй ответить на эти вопросы:

- Сколько литров крови в среднем в человеке весом 65 килограммов?
- Сколько раз кровеносные сосуды могут «обогнуть» Землю?
- Сколько литров воздуха мы вдыхаем каждый день?
- Сколько будет лет человеку, когда его мозг достигнет веса почти в 1,1 килограмма?
- Какой длины достигает тонкая кишка?
- Сколько костей в черепе?
- Сколько килограммов еды человек съедает в течение своей жизни?
- Сколько костей в нашем теле?

Тело работает

По горизонтали:

1. Этим органом мы можем петь и глотать пищу. **2.** Чем с помощью носа и легких мы снабжаем наш организм. **3.** Этот орган руководит всем твоим телом. **4.** Этот орган качает кровь по всему телу. **5.** Это необходимо, когда ты устал. **6.** Это выполняет функцию доставки питательных веществ во всём организме.

По вертикали:

1. Этот орган переваривает пищу. **2.** Они составляют основу тела. **3.** Это помогает тебе выздороветь, когда ты заболел. **4.** Эти живые организмы могут стать причиной болезни. **5.** С их помощью мы дышим. **6.** Этот орган фильтрует кровь и выводит жидкие отходы из организма.

СЛОВАРИК

Горло
Желудок
Кислород
Кости
Кровь
Лёгкие
Лекарство
Мозг
Микробы
Отдых
Почки
Сердце

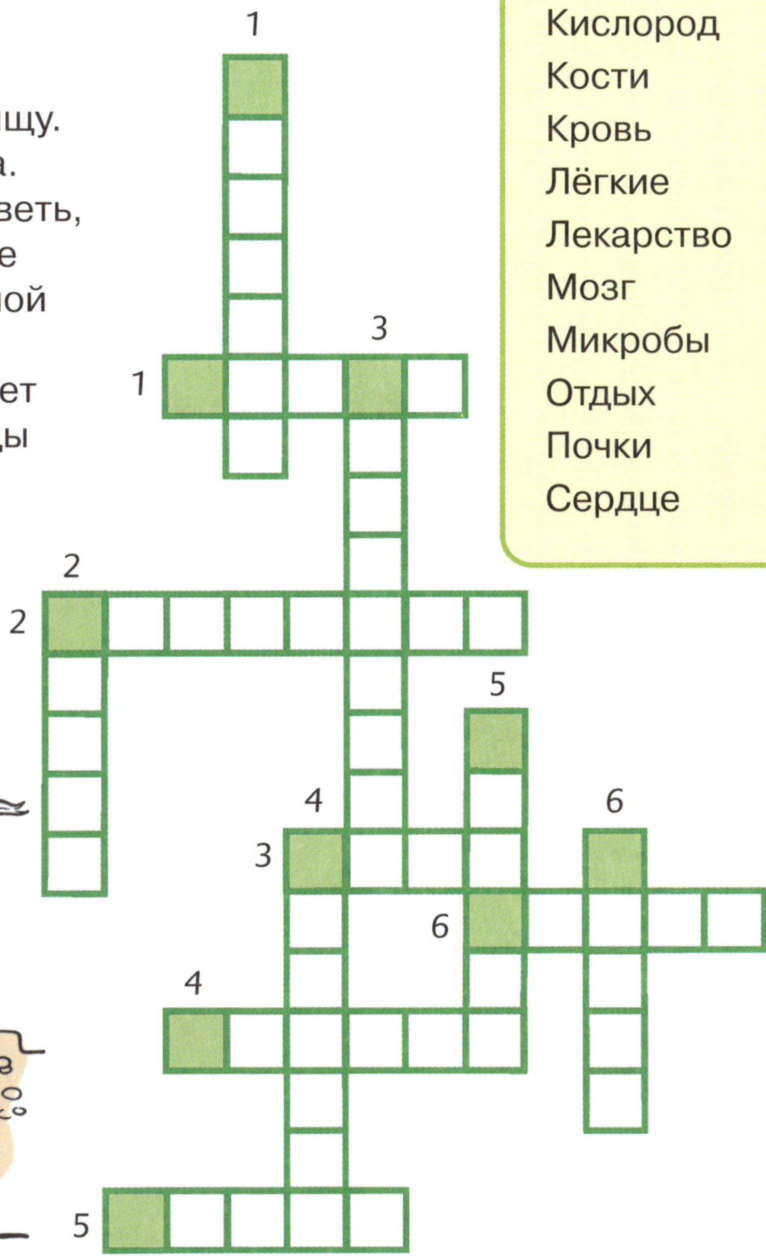

Внутренние органы

Человеческий организм — это сложный комплекс внутренних органов и систем, которые вместе делают общее дело. Каждый орган или система отвечают за определённую область в организме.

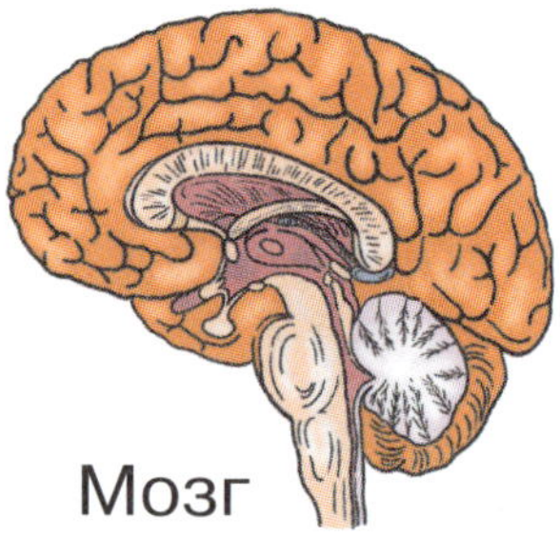

Мозг

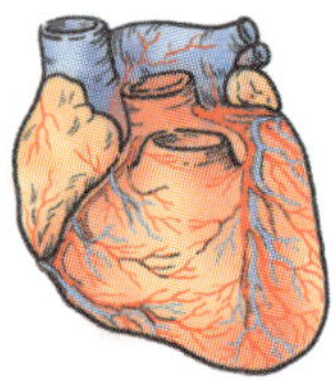

Сердце

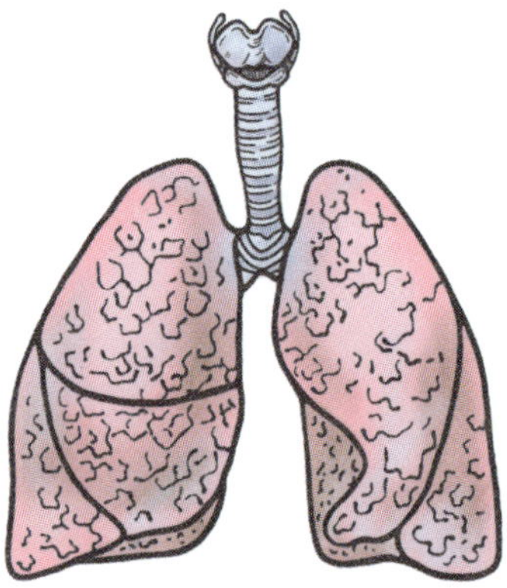

Лёгкие

Мозг — посылает импульсы, которые регулируют деятельность всего организма. Это самая совершенная система обработки и хранения информации.

Кровь — «транспортная» система, которая осуществляет доставку питательных веществ и кислорода для всех тканей организма и забирает отработанные вещества — отходы жизнедеятельности клеток.

Сердце — мощный насос, который помогает крови непрерывно циркулировать по всему организму.

Лёгкие — орган, в котором осуществляется газообмен — кровь в них обогащается кислородом и отдаёт углекислый газ.

Пищеварительная система — перерабатывает поступающие через рот продукты таким образом, чтобы питательные вещества и энергия, содержащаяся в них, были легко усвоены организмом.

Почки — фильтруют кровь, избавляя её от жидких отходов, которые потом выводятся из организма, через мочеточники и мочевой пузырь.
И это ещё не все органы и системы, которые обеспечивают жизнедеятельность организма.

Рассмотрим подробнее, как расположены основные внутренние органы. Для этого на модель для сборки со стр. 168 поочерёдно приложи вырезанные детали со следующих страниц и прежде чем их приклеить, внимательно изучи расположение внутренних органов по уменьшенным схемам.

Модель для сборки: скелет, внутренние органы

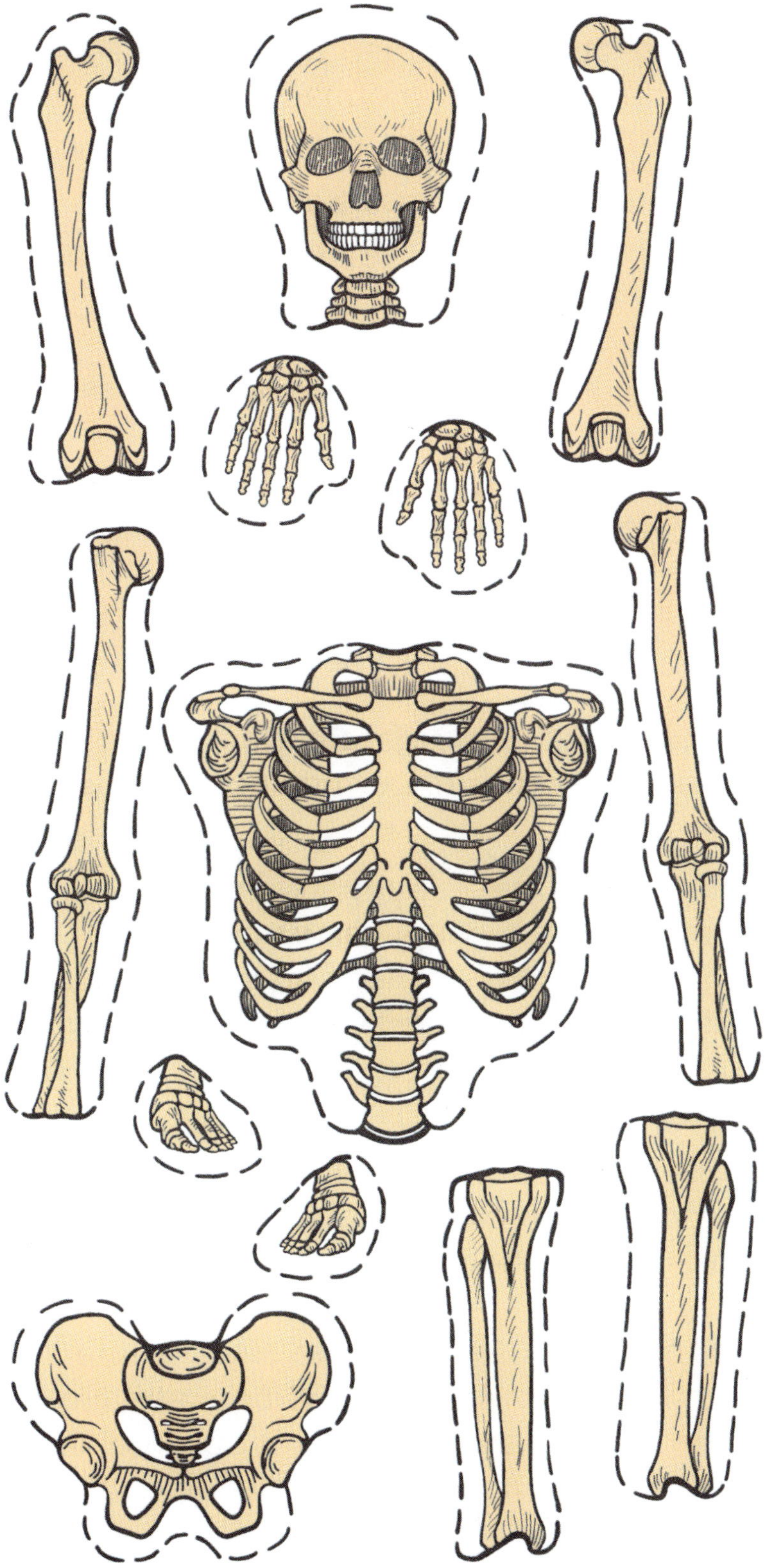

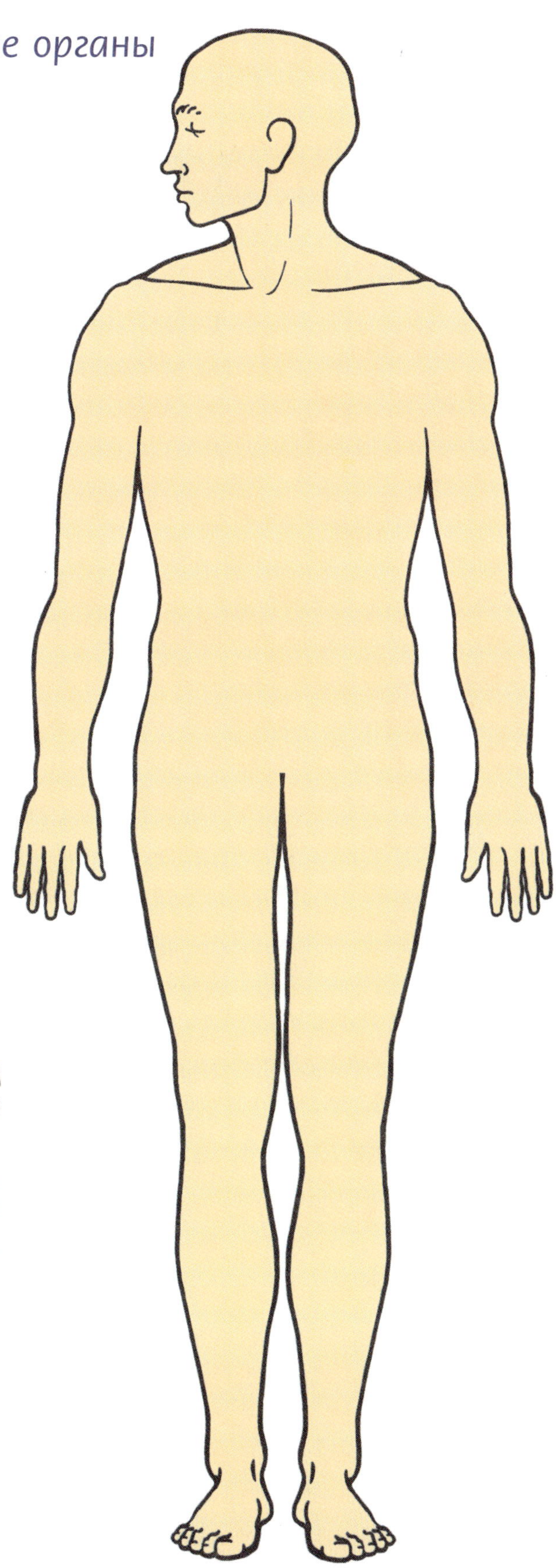

Определи свою сильную половину

Мозг состоит из двух половинок (полушарий), которые «говорят» телу, что ему делать. Одно полушарие может быть сильнее другого. Левое контролирует правую сторону тела, а правое полушарие мозга — левую половину тела.

Что потребуется:

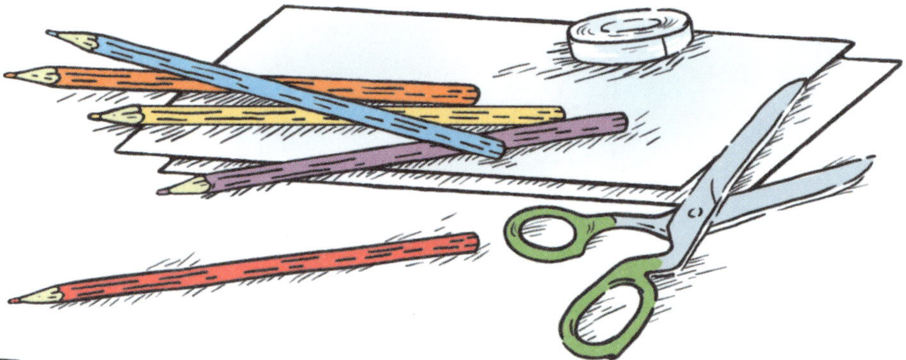

два листа бумаги
размером 21,5 x 30 см;
карандаши;
ножницы;
скотч.

ЭКСПЕРИМЕНТ

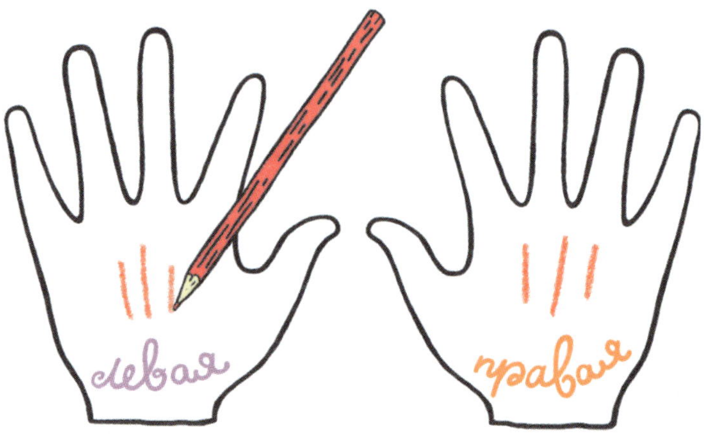

Обведи на бумаге обе свои ладони и пометь их: левая и правая. Затем вырежи эти контуры и прикрепи их на ровную поверхность.
Теперь выполни задания и ответь на вопросы, делая на вырезанных контурах ладошек соответствующие метки, как на рисунке.

1. Хлопни в ладоши.
   Какая рука оказалась сверху?
2. Сделай три шага.
   С какой ноги ты начал движение?
3. Возьми карандаш. Какой рукой ты его взял?
4. Попробуй сесть на шпагат. Какая нога впереди?
5. Подмигни одним глазом. Каким глазом ты подмигнул?
6. Сложи руки на груди. Какая рука оказалась сверху?

Скажи, какое из полушарий твоего мозга более «сильное»?

- У меня более «сильное» полушарие ....

Печенье для ума

Продукты из овсяной муки очень полезны. С их помощью твой мозг начинает работать весьма активно. Это чрезвычайно полезный завтрак, помогающий разбудить твой организм!

Что потребуется:

1 пачка мягкого маргарина;
1 чашка овсяной муки;
1/2 чашки сахара;
1/2 чашки муки;
1/2 чайной ложки ванилина;
большая миска; ложки;
духовка (разогретая до 180 градусов).

Приготовление:

Попроси взрослых помочь тебе отмерить нужное количество компонентов и перемешать их в миске. Затем из полученной массы выложи ложкой печенье на противень и выпекай 10 минут при температуре 180 °С. Можно приглашать друзей и угощать их этим вкусным и полезным печеньем.

Мозг

Твой мозг выполняет очень важную работу — здесь находится главный центр управления организмом, работа не прерывается ни днем, ни ночью. Мозг состоит из трех частей.

Кора головного мозга — самая большая часть мозга. С её помощью человек думает, обучается, анализирует информацию.

Мозжечок — управляет движением мышц.

Ствол мозга — контролирует дыхание и сердцебиение.

Мозг разделен на два полушария: левое и правое, каждое из которых имеет четыре доли.

ПРАВОЕ ПОЛУШАРИЕ МОЗГА

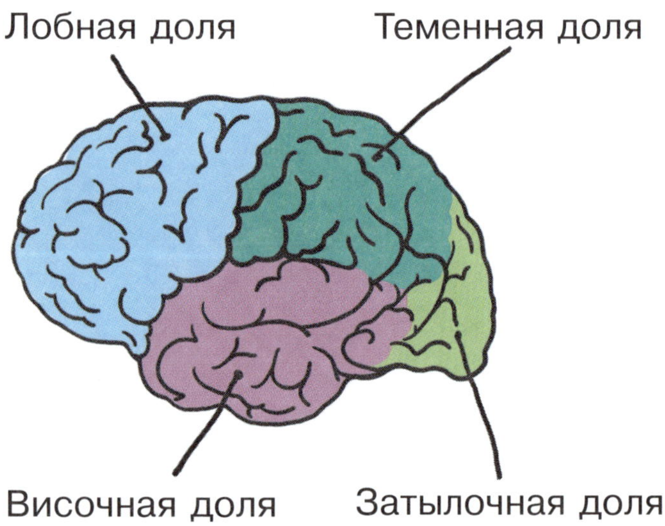

Вся информация, которую мозг получает от органов чувств, обрабатывается нервными центрами. Одни центры отвечают за осязательные ощущения, другие — за вкус и обоняние, третьи — за зрительные, четвёртые — за слуховые.

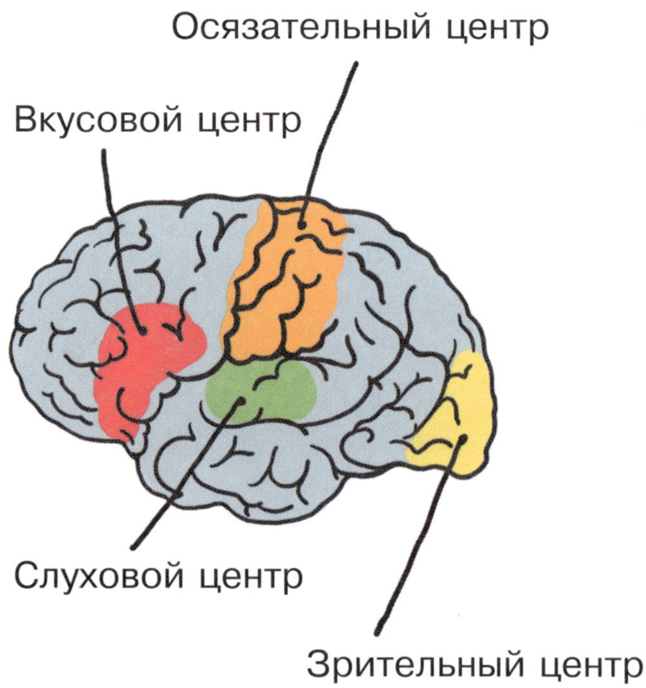

Модель для сборки: мозг

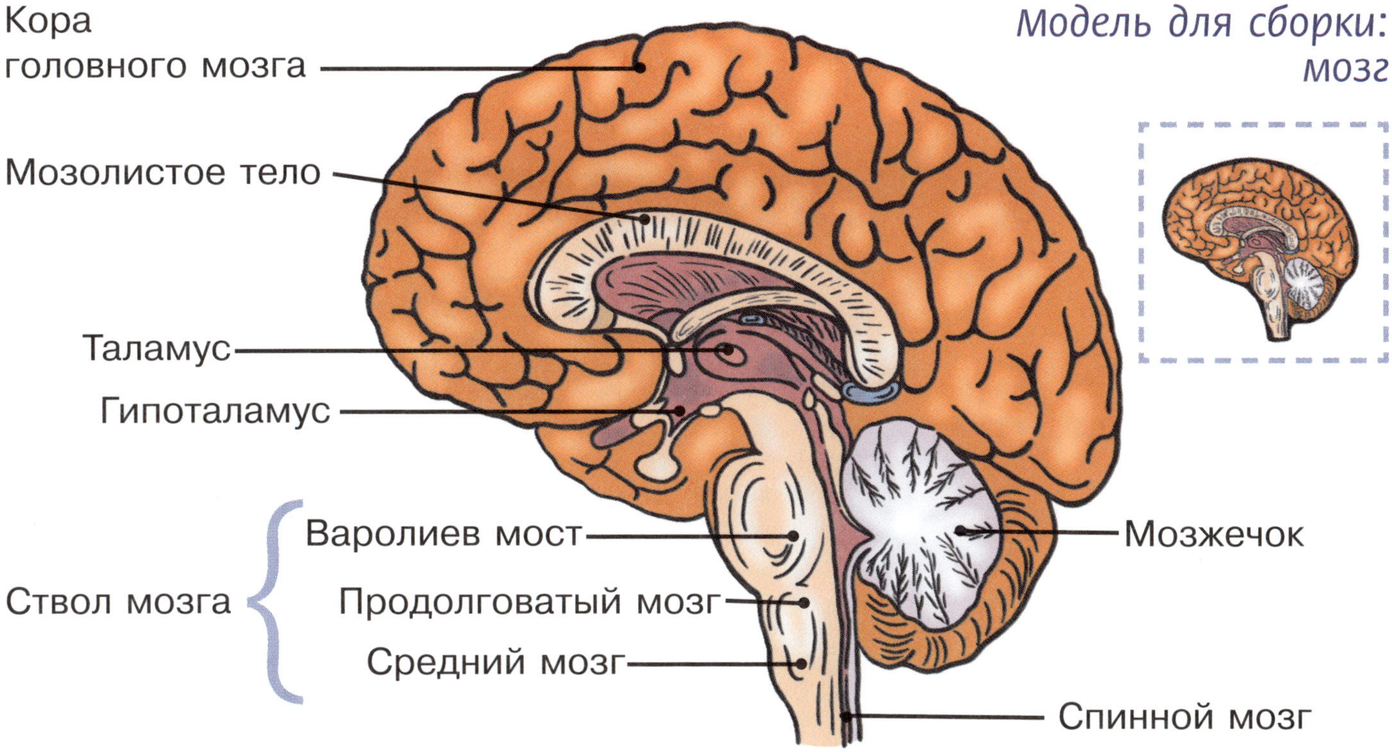

5 удивительных фактов о мозге

1. Самое бурное развитие мозга происходит в возрасте от 2 до 11 лет.
2. Чем образованнее человек, тем меньше вероятность заболеваний мозга. Интеллектуальная активность вызывает производство дополнительной ткани, компенсирующей заболевшую.
3. Занятие незнакомой деятельностью — лучший способ развития мозга. Общение с теми, кто превосходит вас по интеллекту, также является сильнодействующим средством развития мозга.
4. Обычно в жизни мы используем 5–7% возможностей мозга. Трудно себе представить, сколько всего совершил и открыл бы человек, задействуй он ещё хотя бы столько же. Зачем нам такой запас прочности, учёные пока не выяснили.
5. Сигналы в нервной системе человека достигают скорости 288 км/ч. К старости скорость снижается на 15%.

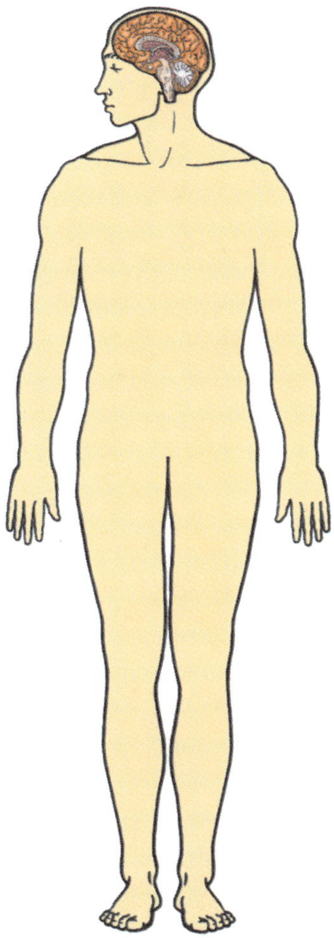

Перевари это!

Ты задумывался о том, что происходит с пищей, которую ты съел? Сначала зубы разгрызают и перемалывают её, затем начинает работать желудок, который переваривает пищу в жидкую массу.

Что потребуется:

3 чашки; 2 чайные ложки мёда, сливочное масло; сухое молоко ложки.

ЭКСПЕРИМЕНТ

Как ты думаешь, какой из трёх предлагаемых продуктов перемешается и переварится раньше всего? Разложи по чашкам продукты и залей их водой. Наблюдай за каждой чашкой 2–3 часа и ответь на вопросы.

1. Что растворяется легче всего?
2. Что легче всего переварилось бы у тебя в животе?

Назови ещё какие-нибудь продукты, которые переваривались бы:

Легко	Трудно

СЛОВАРИК

Кефир	Молоко	Сок	Рыба
Мёд	Мясо	Сыр	Хлеб
Масло	Овощи	Творог	Фрукты

Ф	Р	Т	В	С	О
С	У	К	О	Р	К
Ы	Р	Т	Ы	О	О
М	К	И	Р	Г	В
Я	Е	Ф	И	Щ	О
С	О	М	Ё	Д	Н

Найди в квадрате названия продуктов, полезных для здоровья.

Хрум! Хрум!

Пища, которую ты ешь, проходит долгий путь через всю пищеварительную систему. Во время этого путешествия пища постепенно переваривается, и питательные вещества, которые из нее усваивает организм, дают тебе необходимую для работы и роста энергию.

Переставь буквы в правильном порядке, напиши полученные названия пищеварительной системы и раскрась картинку.

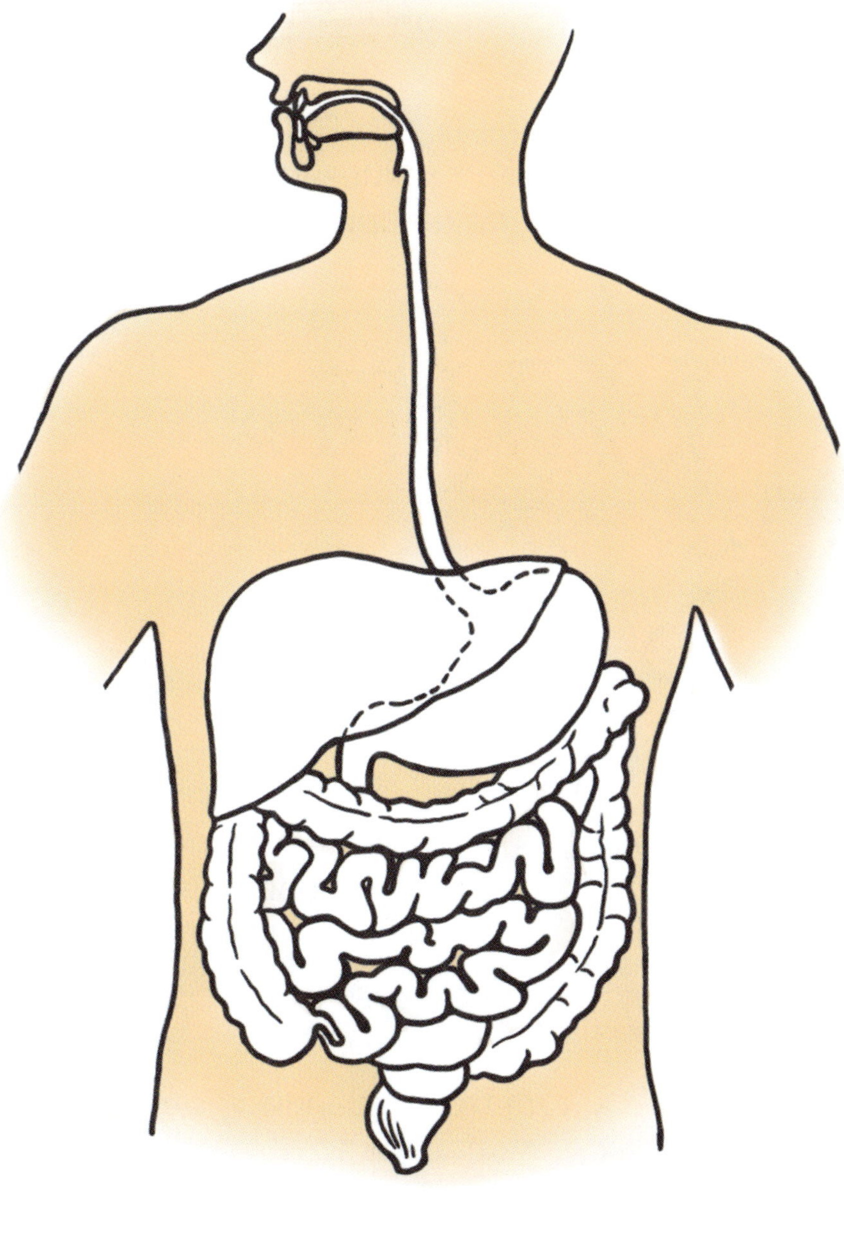

- В О Щ Е Д И П
  жёлтый
- Ж У Д Е Л О К
  красный
- К А Т О Н Я Ш И К А К
  синий
- Ч Е П Е Н Ь
  коричневый
- С Т О Т Л А Я Ш И К А К
  зелёный

Желудок

Еда попадает в наш организм через рот, зубы размельчают пищу, а язык распознаёт вкус и смешивает со слюной. Слюна — это первый пищеварительный сок. Она расщепляет на составляющие детали. Поэтому так важно хорошо пережёвывать пищу и не торопиться во время еды. Потом пища проходит свой путь от твоего рта до желудка через пищевод, похожий на длинную трубку. Его длина примерно 25 сантиметров. Желудок похож на мешочек. Он вмещает в себя около 1 литра пищи. Желудочный сок смешивается с пищей и растворяет недожёванные кусочки еды, доводя их до однородной массы — химуса. Желудочное переваривание происходит медленно и может длиться 2–3 часа. Желудок расположен на левой стороне тела. Он защищён пятью нижними ребрами.

ПОДЖЕЛУДОЧНАЯ ЖЕЛЕЗА

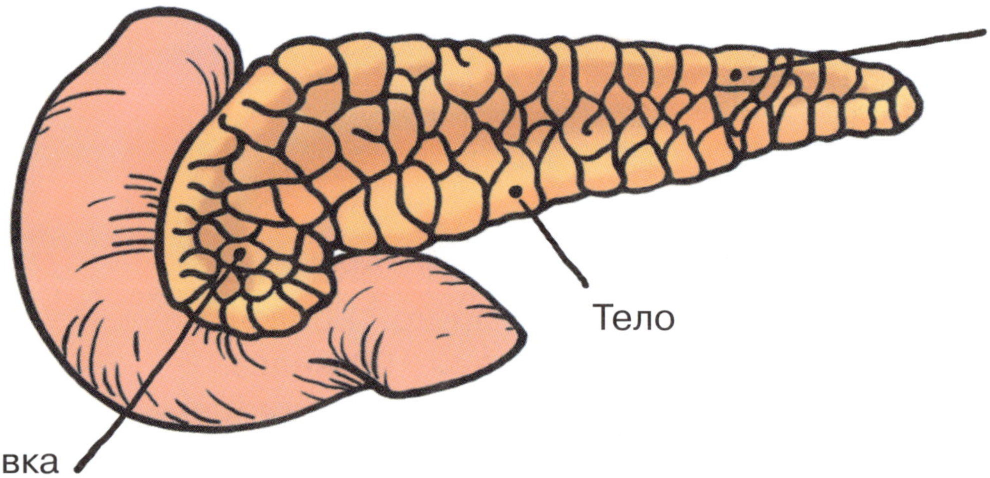

Поджелудочная железа — орган, расположенный поперёк живота прямо под желудком. Её длина 18 сантиметров. Эта железа — важная химическая лаборатория организма, она вырабатывает:

- ферменты (энзимы), которые разлагают пищу на простые вещества;
- гормоны, например инсулин, который обеспечивает всасывание клетками организма сахара.

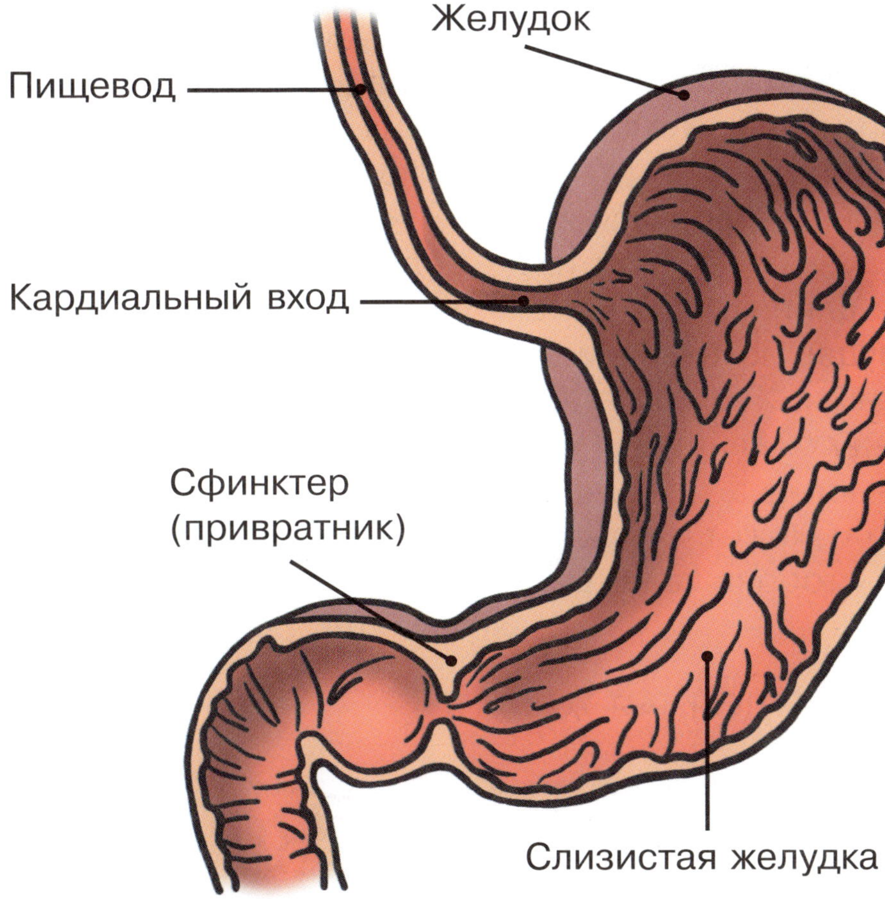

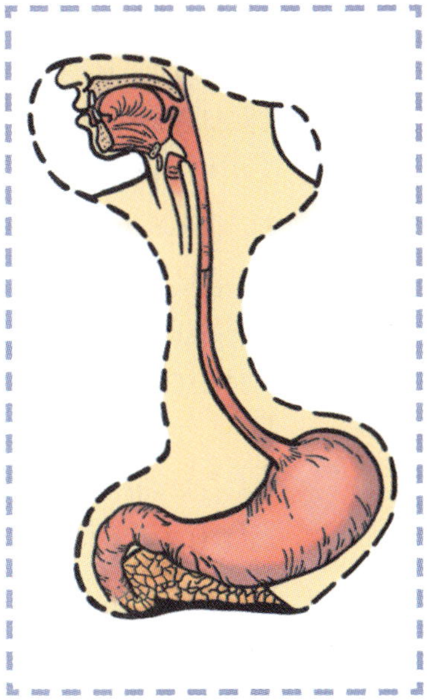

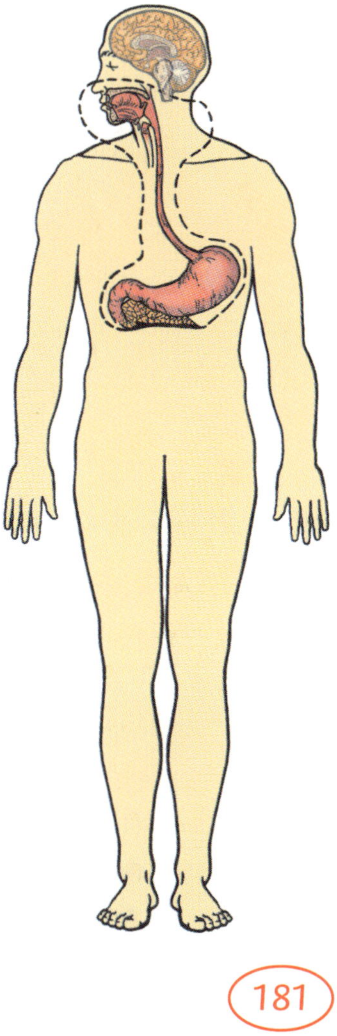

5 удивительных фактов о желудке

1. На 1 квадратный сантиметр слизистой оболочки человеческого желудка приходится 100 желез, отвечающих за выработку различных ферментов.
2. 22 000 килограммов пищи в среднем переваривает человеческий желудок в течение жизни.
3. Приблизительно 5 стаканов желудочного сока вырабатывает в течение суток желудок взрослого человека.
4. Язва желудка бывает у курильщиков в 10 раз чаще, чем у некурящих.
5. Желудочный сок содержит 0,2–0,5% соляной кислоты.

Печень

Печень — самая крупная железа нашего организма, весит около полутора килограммов. Она находится справа в брюшной полости. Её структура похожа на губку, так как состоит из множества крошечных печёночных долек.

Печень выполняет очень важные задачи:

- фильтрует кровь, очищает её от вредных веществ;
- хранит энергию в виде гликогена;
- производит желчь, которая в двенадцатиперстной кишке способствует усвоению жиров.

Через печень проходит кровь и состарившиеся или мёртвые красные клетки идут на производство желчи. Желчь собирается в желчном пузыре и выделяется, когда в тонкую кишку поступает еда, особенно когда в ней присутствуют жиры. Ведь в воде жир не растворяется!

ЖЕЛЧНЫЙ ПУЗЫРЬ

Желчный пузырь — грушевидный орган, расположенный на нижней поверхности печени. Желчный пузырь содержит желчь, вырабатываемую печенью, и при необходимости выделяет её. Желчь — это желтовато-зелёная жидкость, в состав которой входит в основном вода и холестерин, желчные кислоты и соли, требуемые для пищеварения, и продукты выделений печени, включая желчные пигменты и избыточный холестерин, выводимый из организма с помощью желчи.

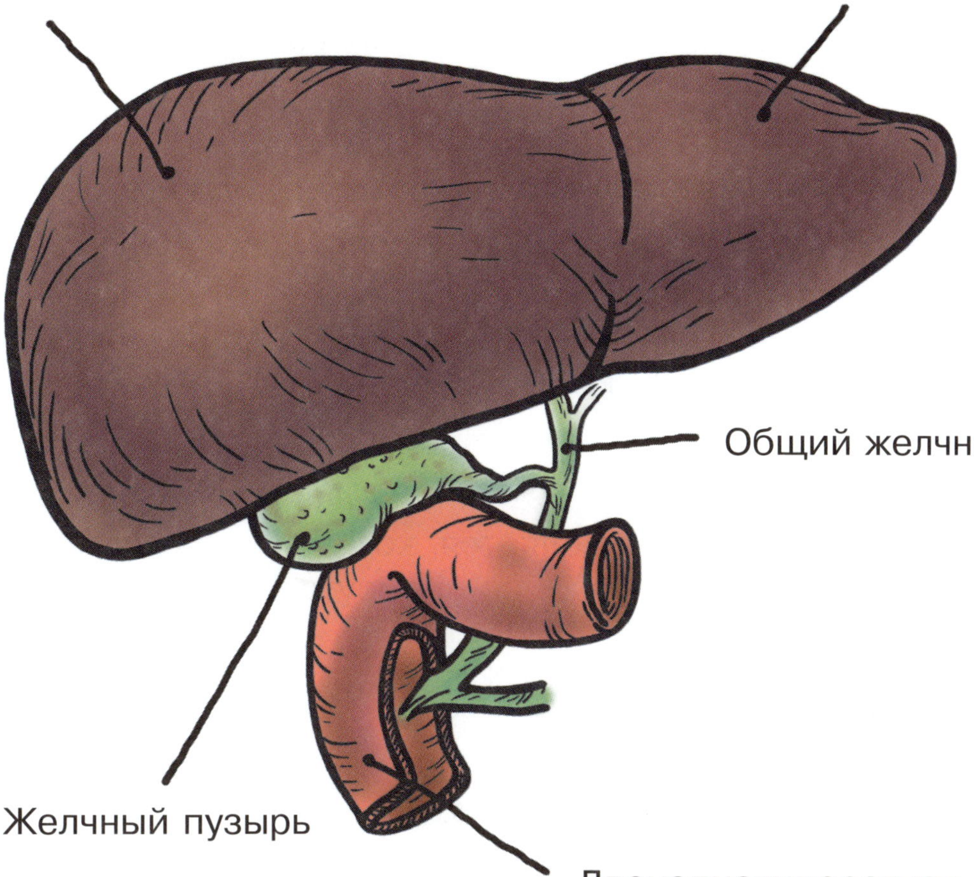

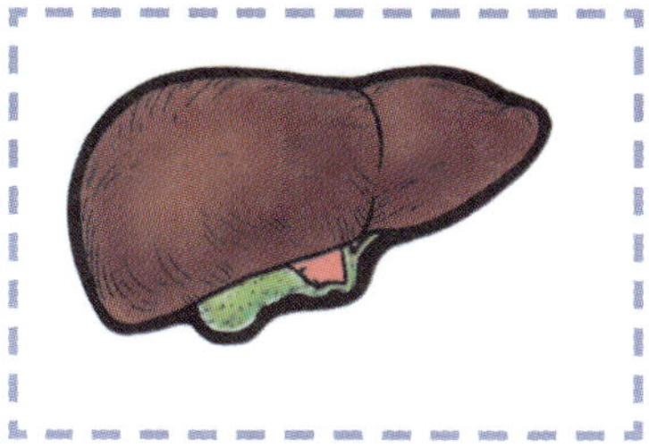

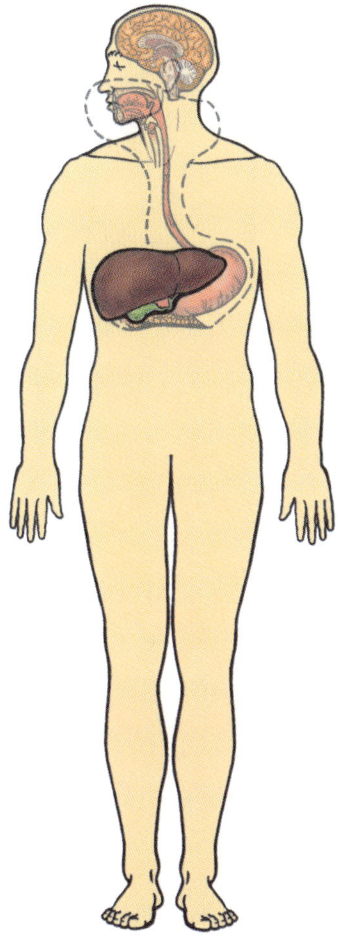

3 удивительных факта о печени

1. Печень вырабатывает до 1 литра желчи в сутки.
2. На работу печени положительно влияет употребление шоколада, разумеется, в умеренных количествах.
3. Человек на 60% состоит из воды. Распределена она неравномерно: в жировых тканях воды всего 20%, в костях 25%, в печени 70%, в мышцах 75%, в крови 80% и в мозге 85% воды от общего веса.

Кишечник

Дальше пищевая кашица попадает в кишечник. Кишечник делится на два больших отдела: тонкий кишечник и толстый кишечник.

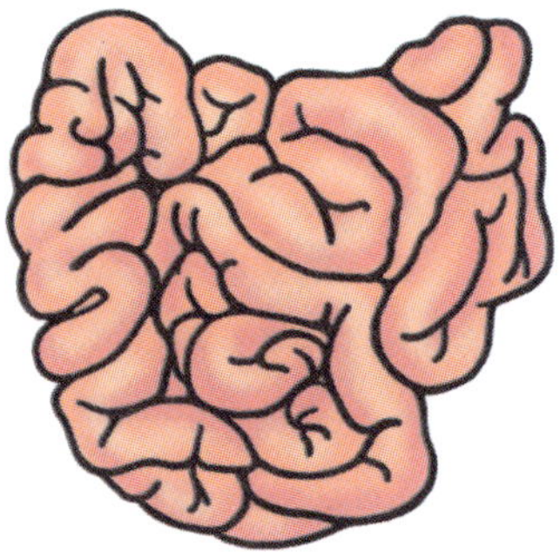

Тонкий кишечник

Тонкий кишечник имеет длину 6–8 метров и состоит из трёх отделов:

- двенадцатиперстная кишка — здесь на пищу воздействуют ферменты поджелудочной железы и печени.
- тощая кишка — самая длинная, её стенки изнутри покрыты множеством складочек с ворсинками, чтобы впитывать полезные вещества.
- подвздошная кишка — заканчивается клапаном, чтобы не дать непереваренным остаткам пищи попасть в толстый кишечник.

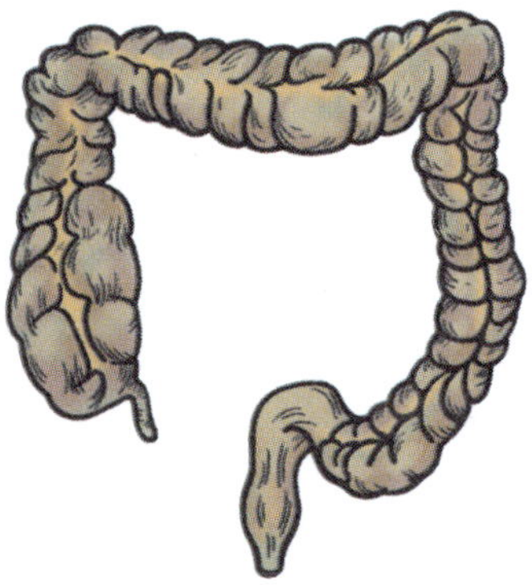

Толстый кишечник

Толстый кишечник расположен вокруг тонкого, имеет длину около 2 метров. Здесь неусвоенные остатки пищи уплотняются и превращаются в фекалии, готовые к выбросу из организма. У него тоже три отдела:

- слепая кишка;
- ободочная кишка;
- сигмовидная кишка, заканчивается прямой кишкой, выходящей в заднепроходное отверстие (анус).

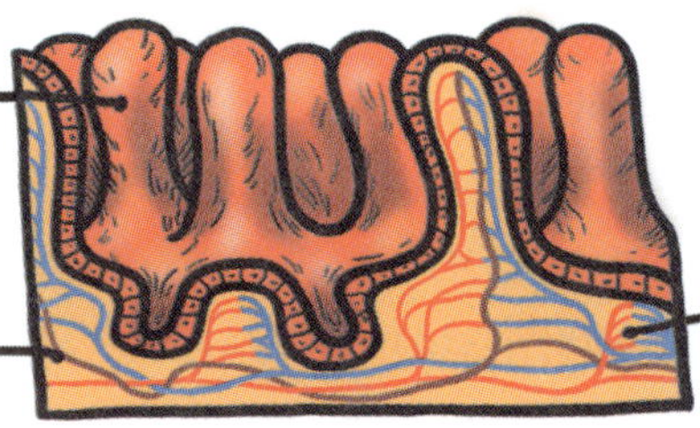

Кишечные ворсинки — ворсинки тонкой кишки, образованные всеми слоями её слизистой оболочки, обеспечивают пристеночное пищеварение и всасывание питательных веществ.

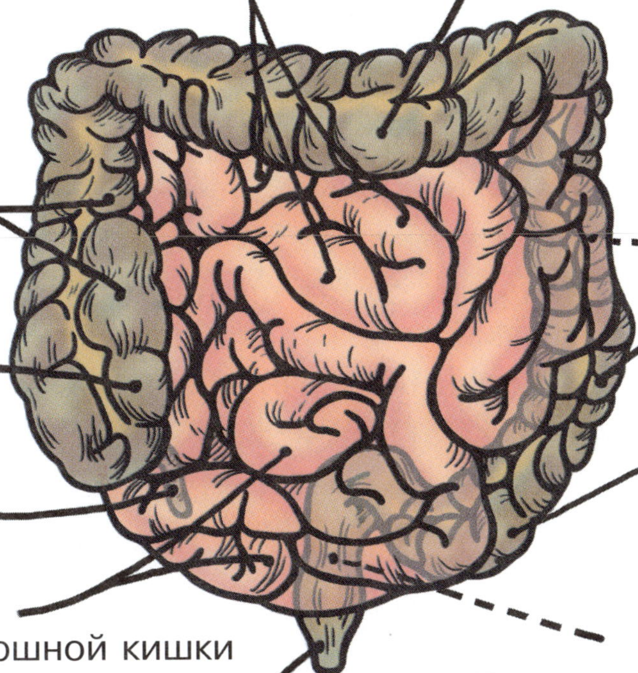

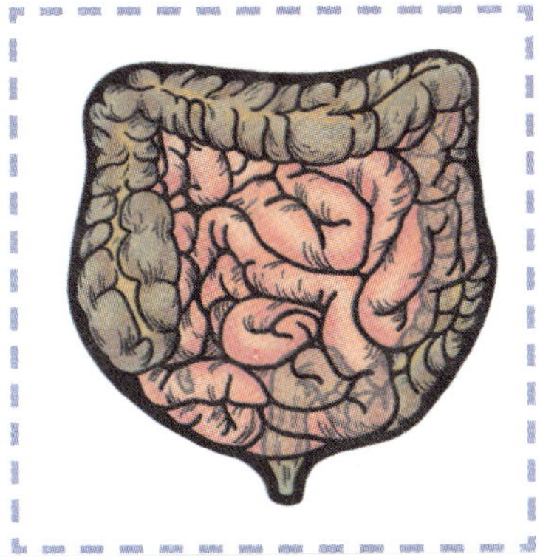

3 удивительных факта о кишечике

1. В кишечнике содержится около килограмма живых бактерий, которые играют важнейшую роль в пищеварении.
2. Некоторые виды бактерий, живущих в кишечнике человека, ещё не открыты.
3. Здоровье человека в значительной мере зависит от благополучного состояния его кишечника. Истории многих заболеваний изначально связаны с нарушениями процессов обмена веществ, обусловленных сдвигами в микрофлоре кишечника человека.

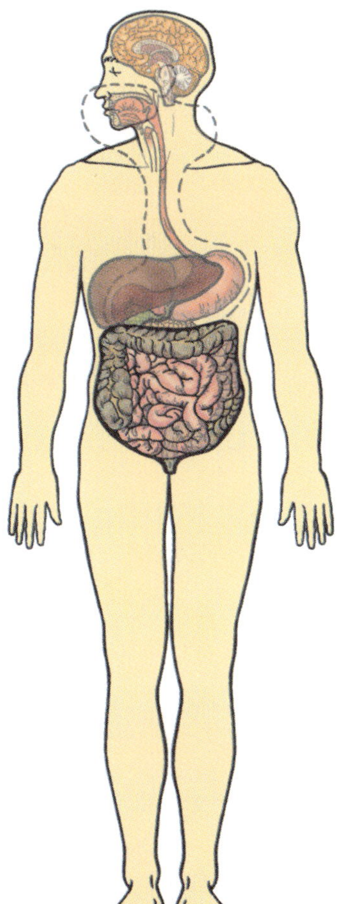

Лёгкие

Лёгкие представляют собой два губчатых органа, расположенных в грудной полости. Они имеют розоватый цвет и покрыты тонкой двойной оболочкой — плеврой. Плевра защищает лёгкие от трения при соприкосновении с рёбрами во время вдоха и выдоха.

Левое и правое лёгкие не одинаковы. Левое лёгкое меньше правого и весит 600 граммов, правое —700 граммов. Правое лёгкое делится на три доли: верхняя, средняя и нижняя. А левое лёгкое состоит из двух долей, верхней и нижней.

Между лёгкими есть небольшая полость — сердечное «ложе», предназначенное для размещения здесь сердца. Это «ложе» смещено в левую сторону, именно поэтому левое лёгкое меньше правого.

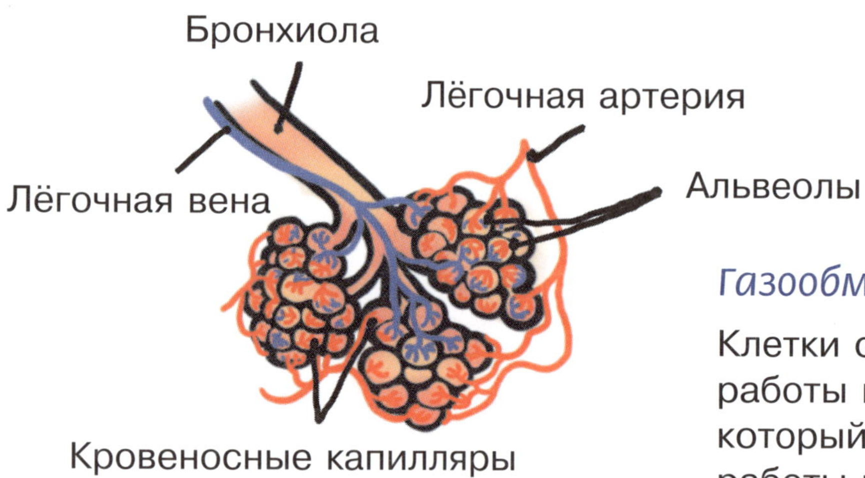

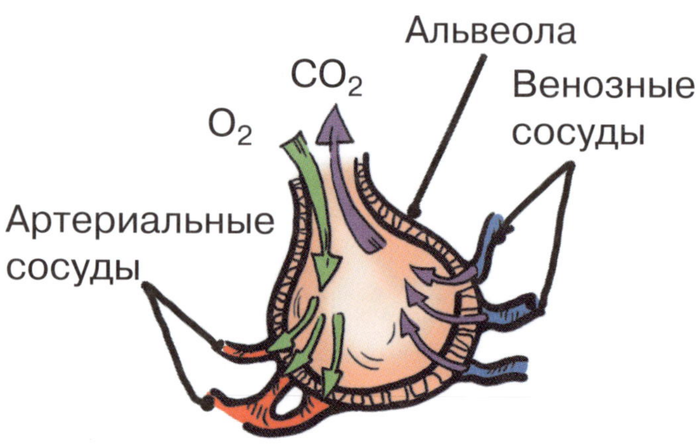

Газообмен

Клетки организма для своей работы используют кислород, который им приносит кровь. После работы клетка выделяет углекислый газ, который кровь забирает и переносит его к лёгочным альвеолам — мелким пузырькам в лёгких. Здесь происходит газообмен: красные кровяные тельца оставляют в альвеолах углекислый газ CO_2, который мы выдыхаем, и берут кислород O_2, который мы вдыхаем, чтобы снова доставить его клеткам для работы.

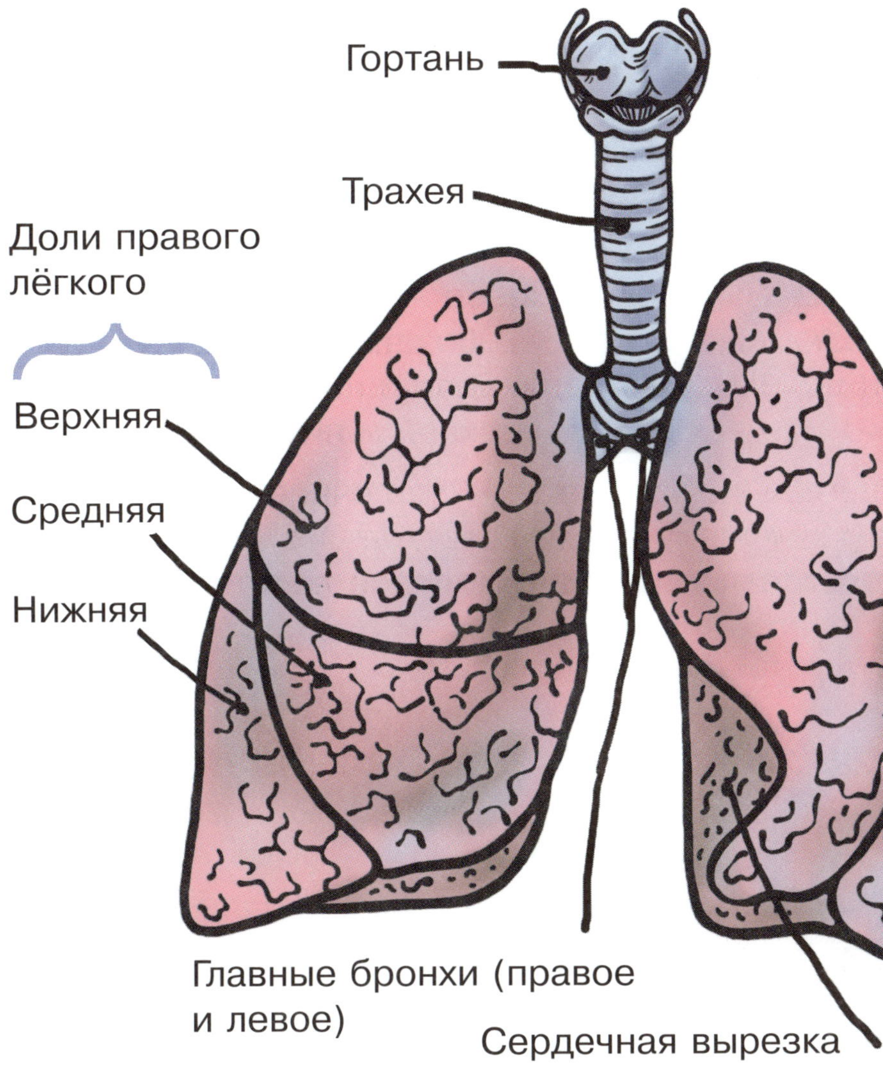

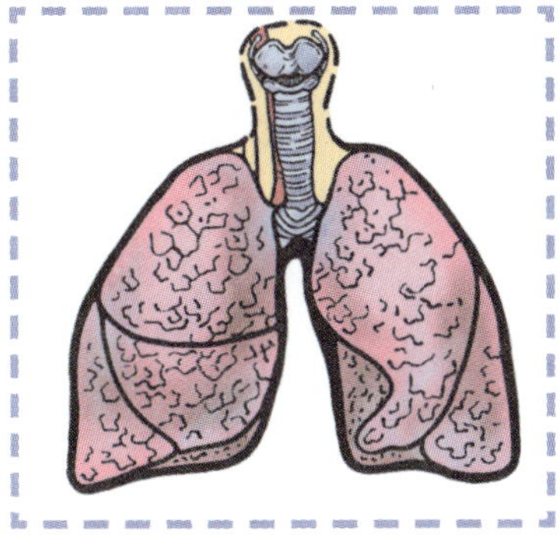

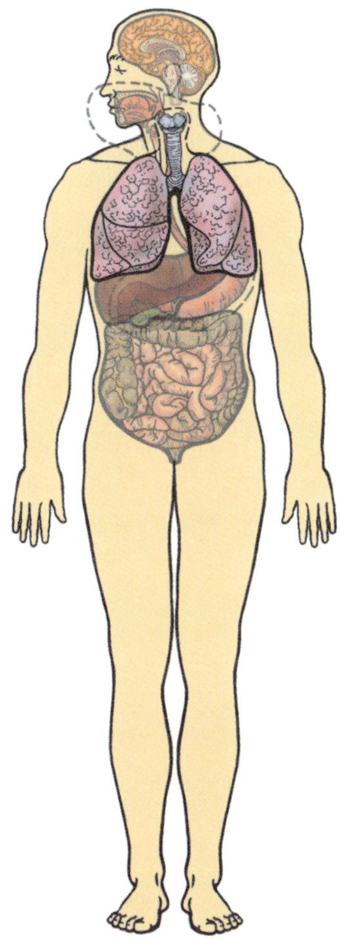

4 удивительных факта о лёгких

1. 10 000 литров воздуха ежедневно проходит через лёгкие.
2. 23 000 вдохов и выдохов в день в среднем делает взрослый человек.
3. Площадь поверхности человеческих лёгких примерно равна площади теннисного корта.
4. В Японии существуют клубы, где за небольшую плату можно подышать свежим, специально очищенным и ароматизированным воздухом.

Сердце

Сердце представляет собой мышцу размером с кулак. Основная его задача — перекачивать кровь, как насос, чтобы она двигалась по организму. Сердце весит около 300 граммов и прокачивает 5,0–5,5 литров крови в минуту (8000 литров ежедневно), через более чем 130 000 километров артерий и вен.

Внутри сердце разделено на четыре полости: две в верхней части — это предсердия — и две в нижней части — это желудочки.

Сердце делится на правую и левую части. Левая часть сердца собирает кровь, идущую от лёгких, и распространяет её по всему организму, а правая принимает кровь со всего организма и направляет его в лёгкие.

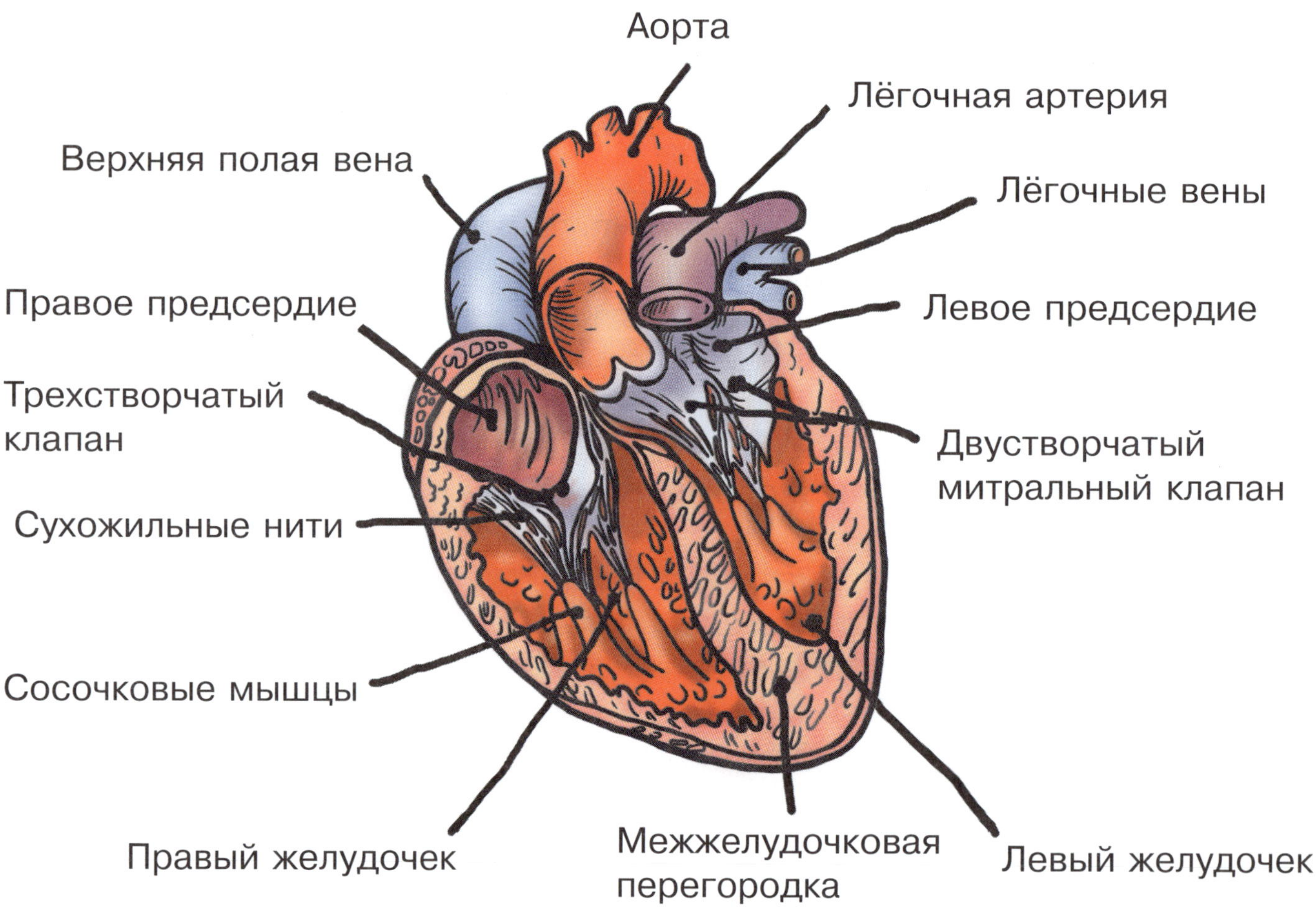

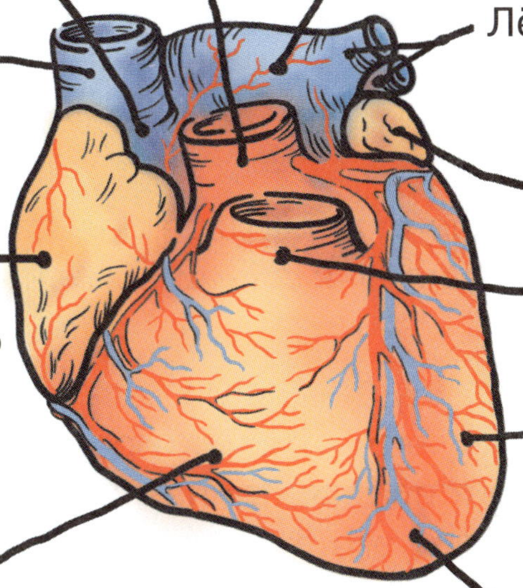

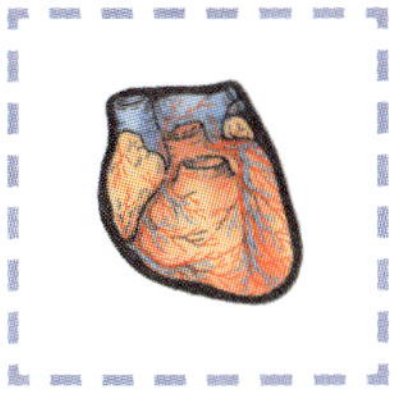

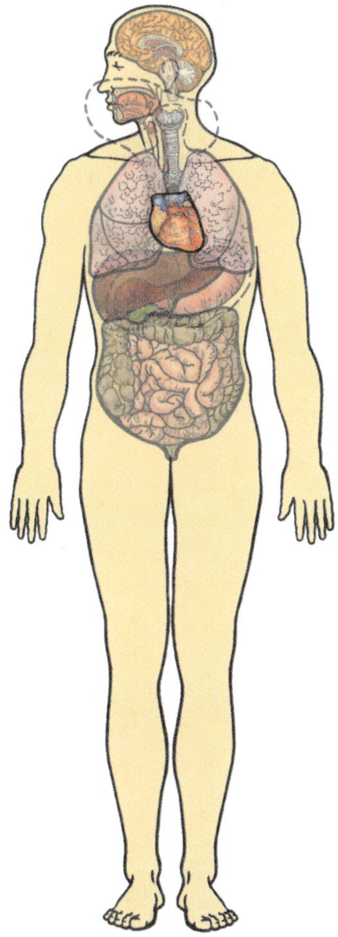

5 удивительных фактов о сердце

1. Впервые анатомическое изображение сердце было сделано 20 тысяч лет назад. Неизвестный художник на стене в пещере Альтамиры изобразил мамонта, его сердце было изображено красным цветом.
2. В Древнем Риме верили, что безымянный палец и сердце связываются особым нервом, отсюда произошёл обычай носить обручальное кольцо именно на этом пальце.
3. За 24 часа клапаны сердца приходится открываются и закрываются около 100 тысяч раз.
4. У некоторых людей сердце расположено с правой стороны, также в медицине известны случаи, когда у человека было сразу два сердца.
5. На протяжении жизни сердце совершает примерно 3 миллиарда ударов.

Что и как мы чувствуем?

У нас есть пять органов чувств: зрение, слух, обоняние, вкус, осязание. Мы можем видеть (зрение), слышать (слух), нюхать (обоняние), чувствовать (вкус) и дотрагиваться до предметов (осязание), что помогает нам понимать окружающий мир.

Какое чувство ты бы задействовал для определения большинства предметов в каждой группе картинок? Подпиши рисунки. Какие предметы попали туда случайно? Вычеркни их.

Букет чувств

Прочитай слова на каждый вазочке и выпиши соответствующее название предметов, которые изображены на цветочках внизу страницы.

5 чувств: зрение

Почему так важно зрение? Потому что 95% информации мы получаем именно за счет способности видеть. Только вот всегда ли мы видим то, что есть на самом деле?

Посмотри внимательно на изображения и ответь на вопросы, а потом проверь не обманывают ли тебя твои глаза!?

1 2

1. Какую из труб держит мальчик?
2. Прямые или изогнутые эти линии?

5 чувств: обоняние

У человека обоняние развито намного хуже, чем у некоторых животных. Нос человека может различать до 4000 запахов, но всего существует 7 основных ароматов: камфорный, мускусный, цветочный, мятный, эфирный, острый, гнилостный.

Попробуй понюхать дома и на природе самые разные предметы и ты удивишься разнообразию запахов и тому, что практически у любой вещи есть свой неповторимый запах. Впиши их в таблицу и поставь «+», если тебе он понравился, а потом попроси своих близких понюхать те же вещи, и пусть они тоже поставят «+» на тех запахах, которые им понравились, а потом сравните свои вкусы!

	Я	Мама	Папа	Друг	
Цветок					
Лимон					
Ель					
Рыба					
Лук					
Листва					
Груша					

5 органов чувств: вкус

Язык является очень чувствительным органом, благодаря которому мы способны различать вкус продуктов. Вкусовые рецепторы на языке выступают в роли дегустаторов. Каждый из них — специалист по распознаванию одного из основных вкусов: горького, сладкого, солёного, кислого, и дополнительных: вяжущего и жгучего. Вкус — это комплекс ощущений: вкуса, запаха, температуры, прикосновения и так далее.

Соедини стрелочками продукты со своим вкусом.

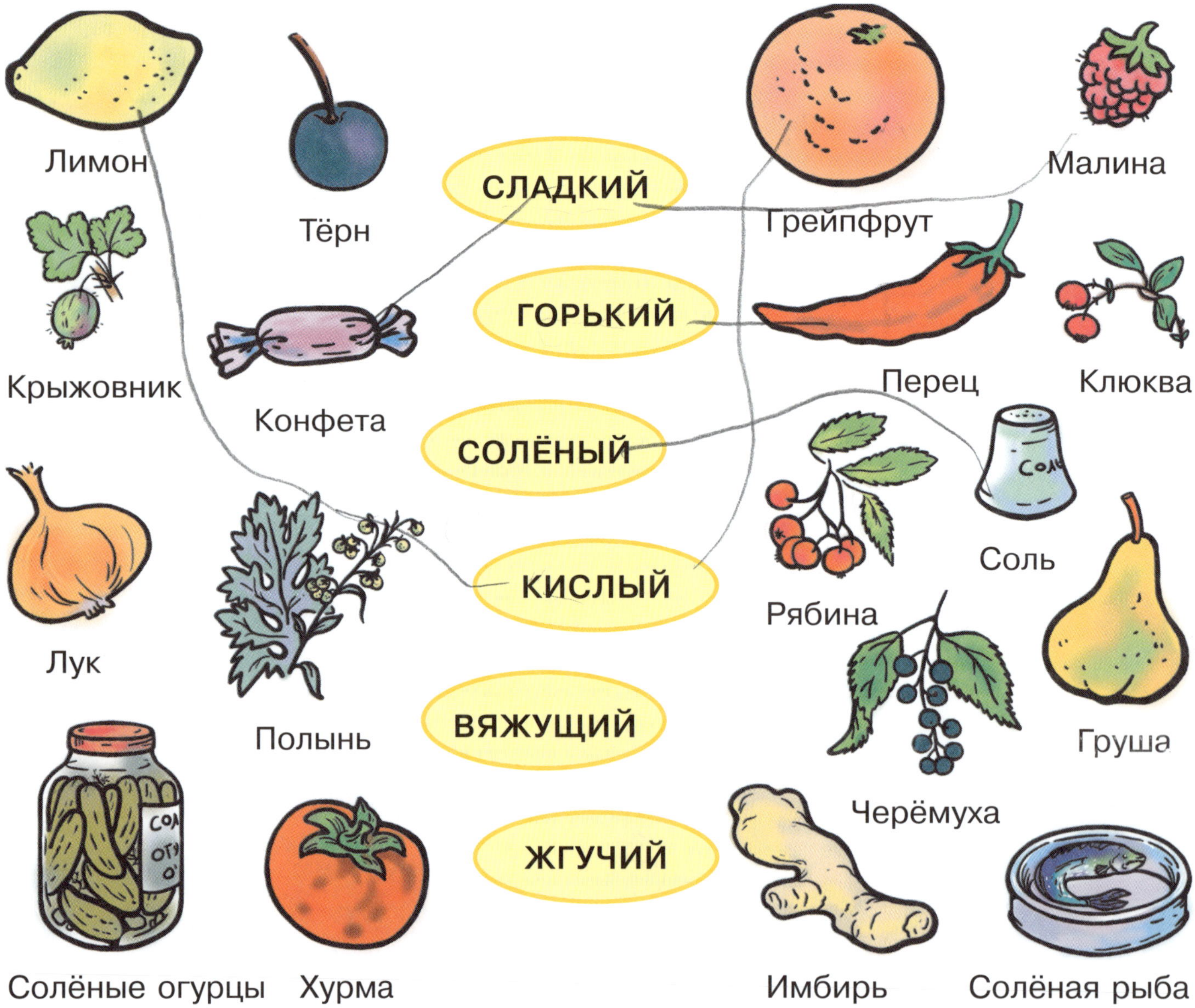

5 органов чувств: слух

Каждый день мы проживаем в окружении множества звуков, которые могут быть и музыкой, и словами, и шумом, и звуками природы. Что означает для нас возможность слышать? Благодаря слуху мы можем разговаривать, передавать друг другу знания, мысли и эмоции.

Подбери к каждой картинке из словарика понятие, наиболее точно отображающее издаваемый звук изображенных вещей.

СЛОВАРИК

Гул	Хлопо́к
Гром	Хлюпанье
Звон	Хруст
Журчание	Шелест
Скрип	Шуршание
Треск	

5 чувств: осязание

Осязание — один из основных видов ощущений. Чувство осязания помогает нам ориентироваться в темноте, даёт возможность определить не только наличие предмета, но и его форму, размеры, температуру, влажность, характер поверхности (гладкая, шероховатая и так далее).

Человечки из СТРАНЫ ОСЯЗАНИЯ подошли к пешеходному переходу, чтобы его перейти им нужно разбиться на пары. Помоги каждому человечку найти свою противоположность.

Внимание! Розыск!

Отпечатки пальцев каждого человека уникальны и неповторимы. Сыщики используют это для того, чтобы ловить преступников. Ты и сам можешь помочь расследованию. После совершения ограбления преступники скрылись. На месте происшествия они оставили отпечатки пальцев.

Следствию необходимо выяснить по отпечаткам, сколько человек участвовало в преступлении. Будь внимателен! Некоторые отпечатки повторяются!

Результаты расследования показали, что в преступлении участвовало .... человек.

Что полезно, а что вредно

Прочитай фразы. Выпиши только полезные для здоровья занятия.

Принимать водные процедуры.
Есть много сладостей.
Пить чистую воду.
Много спать.
Читать при неярком освещении.
Никогда не мыть руки.
Делать зарядку.
Есть здоровую пищу.

Всю ночь не спать.
Есть мытые овощи и фрукты.
Чистить зубы.
Ложиться спать не позже 10 часов вечера.
Быстро есть.
Много смотреть телевизор.
Проветривать комнату перед сном.

Домашнее задание

Чтобы тело было здоровым и красивым, уже сейчас нужно приучаться к полезным для здоровья привычкам и следовать им и дальше.

Это полезные советы. Попробуй следовать им каждый день, для этого заполняй табличку в качестве напоминания.

	ПН.	ВТ.	СР.	ЧТ.	ПТ.	СБ.	ВС.
Спать не меньше 8 часов.							
Съедать полезный для здоровья завтрак.							
Чистить утром зубы.							
Съедать за обедом полезную пищу.							
Мыть руки после туалета.							
Делать зарядку не менее получаса.							
Ходить и сидеть прямо.							
Съедать на ужин здоровую и полезную пищу.							
Принимать на ночь душ или ванну.							
Чистить зубы перед сном.							

Домики для продуктов

Прочитай название продуктов и помоги найти каждому из них свой домик.

МОЛОЧНЫЕ ПРОДУКТЫ

- КЕФИР
- СЫР
- ТВОРОГ
-

СЛАДОСТИ

- ЗЕФИР
- КОНФЕТЫ
- ПИРОЖНОЕ
- ТОРТ

ФРУКТЫ

- АНАНАС
- АПЕЛЬСИН
- ВИНОГРАД
-

СЛОВАРИК

Ананас
Апельсин
Батон
Ветчина
Виноград
Горох
Гречка
Груша
Зефир
Йогурт
Кабачок
Кефир
Колбаса
Конфеты
Морковь
Пирог
Пирожное
Пшено
Редис
Селёдка
Сыр
Творог
Торт
Цыплёнок

МЯСО, РЫБА

- ВЕТЧИНА
- КОЛБАСА
- СЕЛЕДКА
- ЦЫПЛЕНОК

ЗЛАКИ, КРУПЫ

- БАТОН
- ГРЕЧКА
-
-

ОВОЩИ

- ГОРОХ
- МОРКОВЬ
- РЕДИСКА
-

Скатерть-самобранка

Перед тобой скатерть. Напиши или нарисуй в каждой пропущенной клетке на скатерти тот продукт, которого недостает. В каждом ряду по вертикали и по горизонтали продукты не должны повторяться.

Продуктовая пирамида

Продуктовая пирамида — это способ питания, рекомендованный диетологами. Она разработана с учётом научных знаний о роли питательных веществ и потребностях организма и отражает сложившиеся в обществе традиции питания. Продуктовая пирамида — это не строгая диета, не позволяющая отступлений; её основная задача — помочь сделать выбор: чем питаться для того, чтобы долго пребывать в хорошей физической, психической и интеллектуальной форме. В нижней части пирамиды находятся продукты, которые рекомендуется употреблять в самом большом количестве. Чем выше продукты расположены, тем реже следует их употреблять.

Жиры, масло и сладости — мало полезны

Молочные продукты — 2 или 3 порции

Мясные продукты — 2 порции

Овощи — 4 порции

Фрукты — 3 порции

Хлеб / злаки — 9 порций

Диаграмма продуктовой пирамиды

Используйте ПРОДУКТОВУЮ ПИРАМИДУ на предыдущей странице и эту диаграмму, чтобы ответить на следующие вопросы.

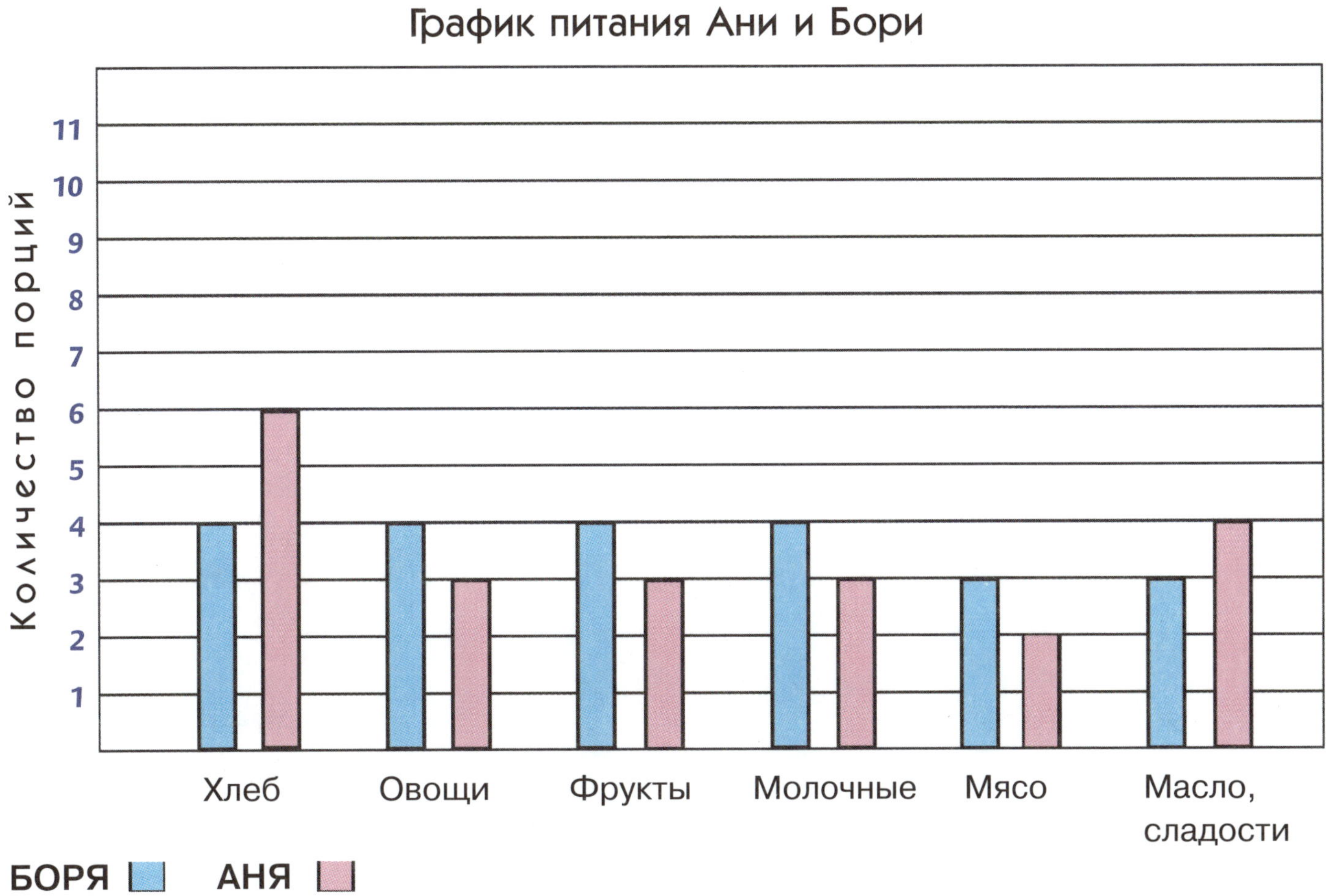

1. Сколько порций хлеба съел Боря? ....
2. Насколько меньше порций овощей съела Аня, чем Боря? ....
3. Кто съел меньше порций фруктов? ....
4. Сколько порций молочных продуктов съела Аня? ....
5. Насколько больше порций фруктов съел Боря по сравнению с Аней?...
6. Достаточно ли овощей съедает Аня? ....
7. Достаточно ли фруктов съедают Аня и Боря? ....
8. Ане и Боре нужно есть больше из группы ....

4

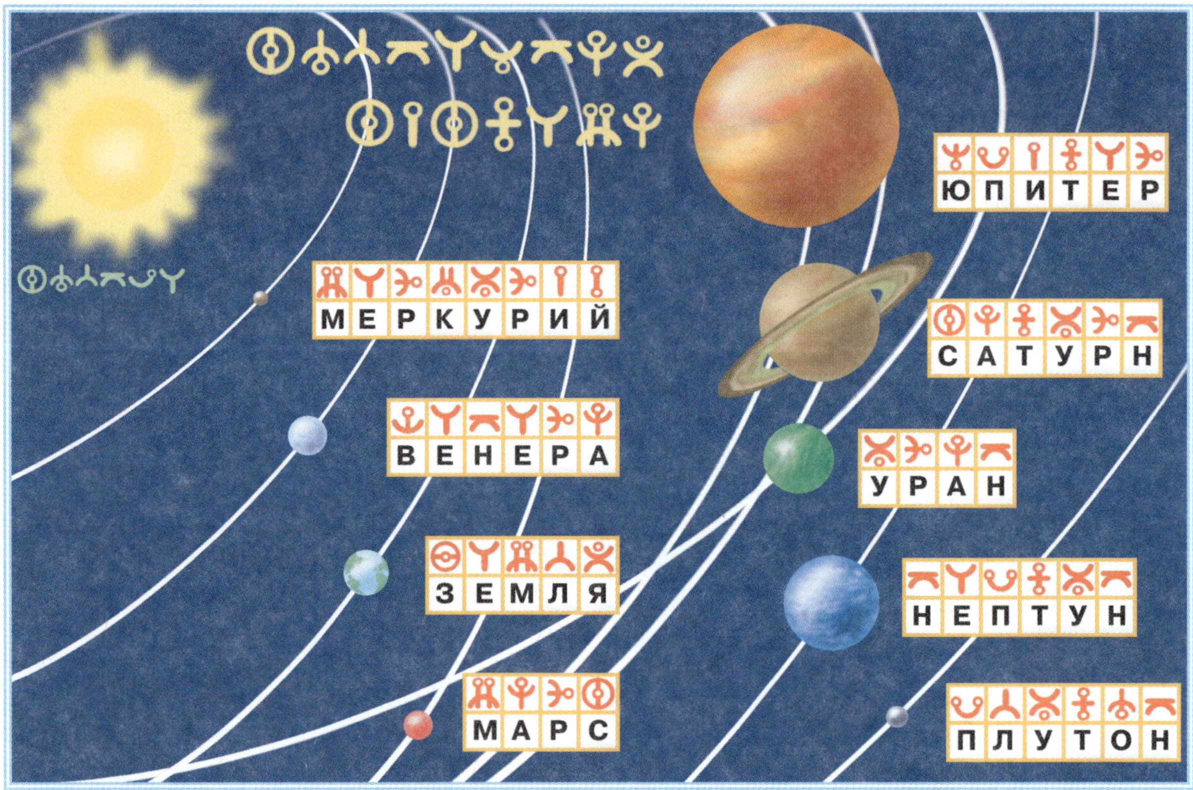
ЮПИТЕР
МЕРКУРИЙ
САТУРН
ВЕНЕРА
УРАН
ЗЕМЛЯ
НЕПТУН
МАРС
ПЛУТОН

5

Без воды не будет жизни на Земле
Ь
Это самая большая планета в Солнечной системе
К
Солнце вращается вокруг Земли
П
Большую часть Земли занимают моря и океаны
Н
У Земли 2 спутника
О
Земля — третья планета в Солнечной системе
З
Солнце — это планета
Ц
Земной год равен 245 суткам
А
На Земле 6 материков
И
Сутки — 1 оборот Земли вокруг своей оси
Ж

• ЖИЗНЬ

6

1.	Владивосток	около 6 ч. 35 м.	**1.**	Москва	около 16 ч. 05 м.
2.	Сидней	около 7 ч. 30 м.	**2.**	Каир	около 14 ч. 20 м.
3.	Сингапур	около 2 ч. 20 м.	**3.**	Иркутск	около 19 ч. 15 м.
4.	о. Шри-Ланка	около 1 ч. 00 м.	**4.**	о. Калиман	около 21 ч. 50 м.

7

Июнь

Ноябрь

Апрель

Декабрь

10

• КРАКАТАУ

Ответы

11

13

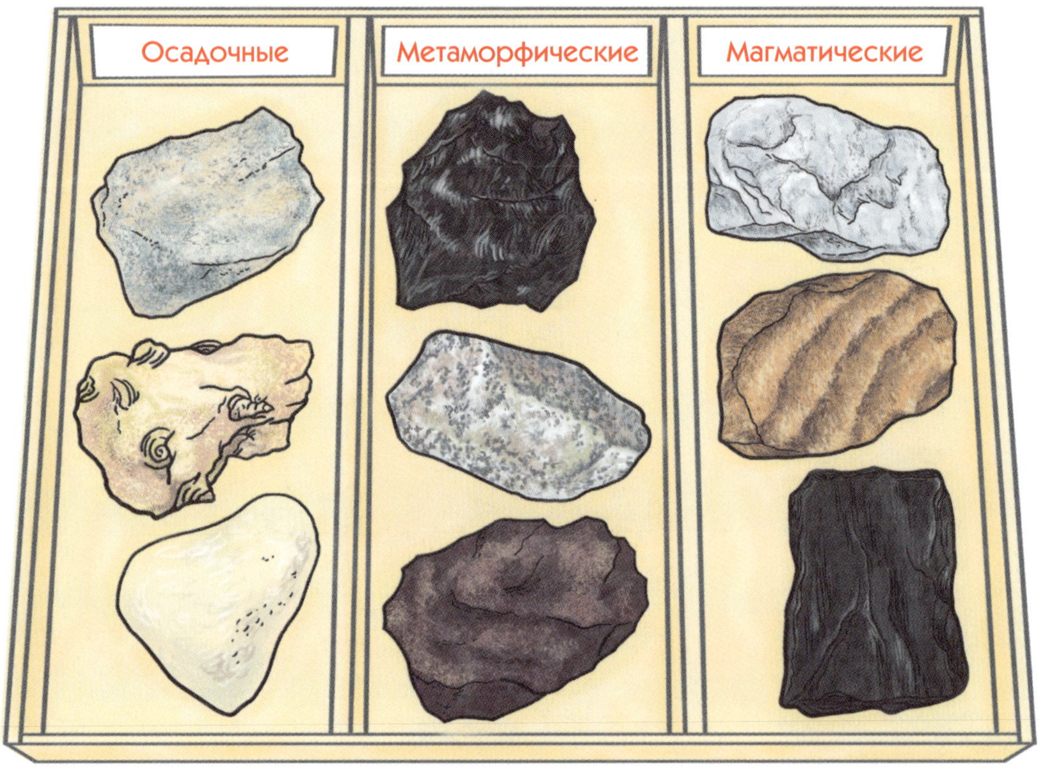

15

16

18

1. Испарение воды.
2. Конденсация паров в атмосфере. **3.** Осадки.
4. Сток воды в моря и океаны.

20

Мутная — прозрачная, жидкая — твёрдая, солёная — пресная, прохладная — тёплая, холодная — горячая, мокрая — сухая. МОРСКАЯ.

19

21 Слева направо сверху вниз: озеро, родник, океан, болото, море, река, ручей, пруд.

22 На шестой день месяца **шёл снег**. На тринадцатый день месяца **было облачно**.
В последний день месяца **было солнечно**.

пн.	вт.	ср.	чт.	пт.	сб.	вс.
	1	2	3	4	5	6
7	8	9	10	11	12	13
14	15	16	17	18	19	20
21	22	23	24	25	26	27
28	29	30	31			

23

Кучевое **1В**

Перистое **2Б**

Дождевое **3Г**

Грозовое **4А**

26

1	~~в~~	т	а	~~к~~	~~л~~	й	ф	~~ж~~	у	н
2	п	~~э~~	~~к~~	а	~~л~~	с	с	~~ю~~	а	т
3	~~ш~~	~~в~~	с	~~ю~~	м	~~к~~	е	р	~~к~~	ч
4	у	р	~~к~~	а	~~л~~	г	а	~~ж~~	~~ю~~	н
5	~~в~~	~~ю~~	т	о	~~к~~	р	н	а	д	о
6	~~ж~~	~~э~~	м	у	~~л~~	с	~~я~~	с	о	н
7	~~х~~	~~э~~	б	~~ю~~	р	и	~~в~~	~~ш~~	~~ю~~	з

27

31 № 2, 3, 4, 6.
Выпало 15 метров снега.

32 Лиана. Секвойя. Верблюжья колючка. Гигантская водяная лилия. Раффлезия.

33

34

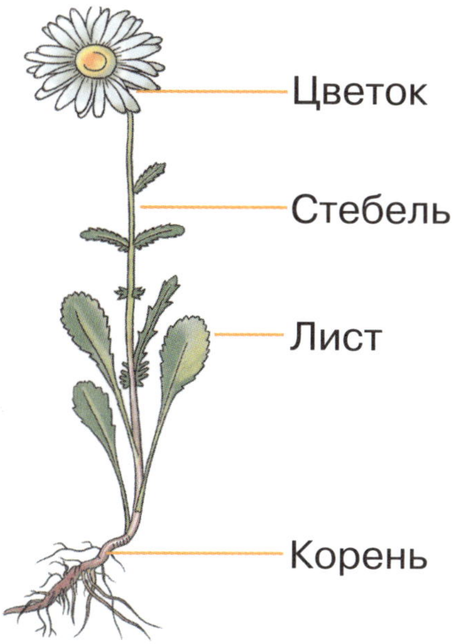
Цветок
Стебель
Лист
Корень

37

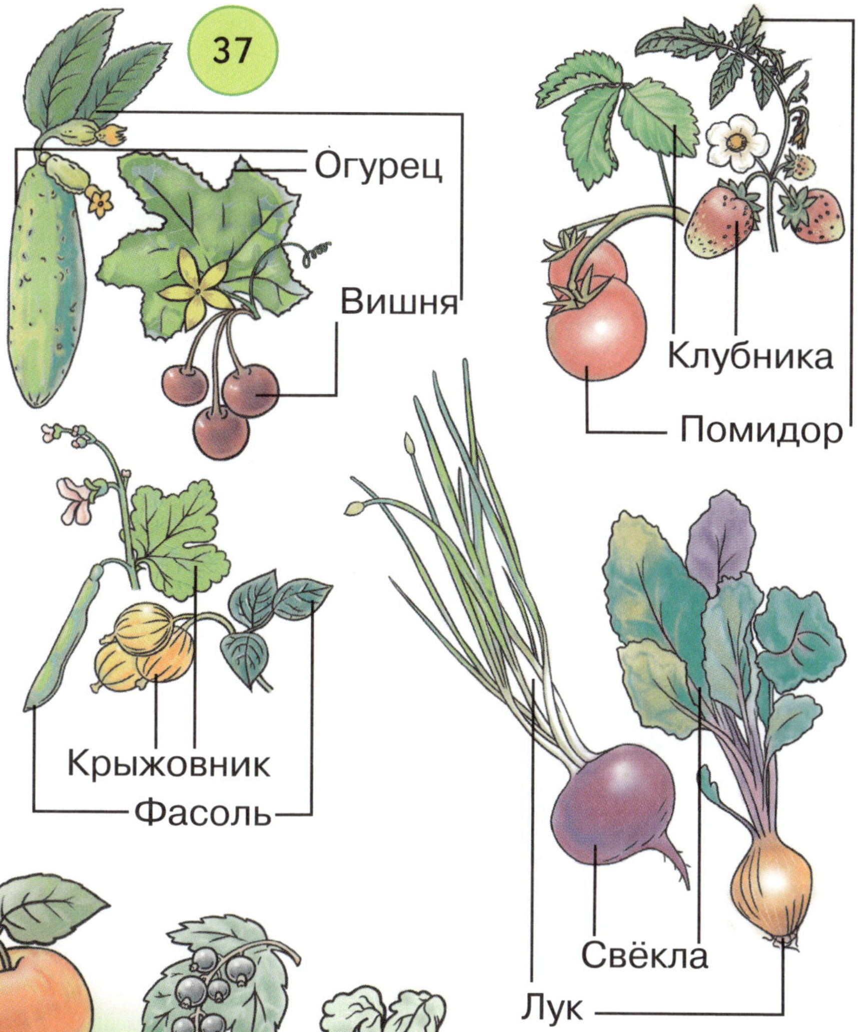
Огурец
Вишня
Клубника
Помидор
Крыжовник
Фасоль
Свёкла
Лук

35

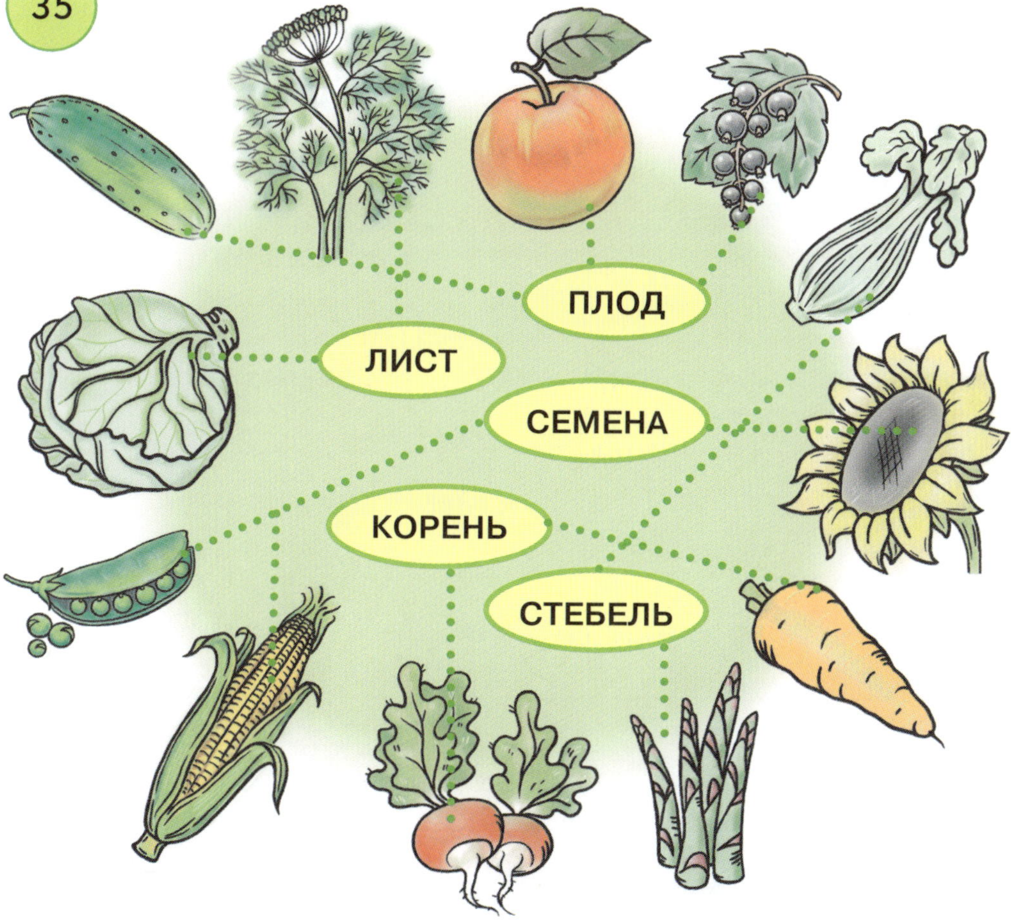
ПЛОД
ЛИСТ
СЕМЕНА
КОРЕНЬ
СТЕБЕЛЬ

38 Слева направо: 4, 2, 6, 1, 7, 8, 9, 5, 3.

39 **На лугу:** клевер, купальница, гвоздика. **В воде:** кубышка, кувшинка, стрелолист.
На берегу: незабудка болотная, калужница, гравилат.

40

41

- Марена
- Соя
- Шафран
- Мята
- Арахис
- Лён

42

43

44

45 **По горизонтали: 1.** Дуб. **3.** Ива. **4.** Лимон. **5.** Яблоня. **6.** Ель. **10.** Берёза. **11.** Сосна. **По вертикали: 2.** Баобаб. **7.** Кедр. **8.** Осина. **9.** Клён.

46 **Плодовые:** яблоня, вишня, слива. **Ореховые:** дуб, кедр, орешник. **Вечнозелёные:** ель, пихта, сосна, кедр.

47

48

49 3 груши, 5 яблок.

50

Волчье лы**к**о

Боя**р**ышник

Берескле**т**

Облепих**а**

Можжевель**н**ик

Ежев**и**ка

Шиповни**к**

Б**у**зина

Барбари**с**

КУСТАРНИК

52

Секвойя

Можжевельник

Кипарис

Тис

Эфедра

Туевик

п	и	е	л	ь	в	е	н	н
м	х	л	и	с	т	и	т	ц
о	т	а	к	е	д	с	а	ц
ж	ж	е	в	е	р	э	ф	е
с	о	т	с	л	ь	н	и	д
т	с	у	е	к	и	п	к	р
у	н	е	к	в	о	а	р	а
я	а	в	и	к	й	я	и	с

Пихта

Туя

53

и в а
б е р ё з а
т о п о л ь
я с е н ь
р о г о з

(по вертикали: в е т е р)

р о м а ш к а (по вертикали)

ж и в о т н ы е и ч е л о в е к

По вертикали: череда, черника, лопух, подорожник, вишня, черёмуха, ромашка

к у в ш и н к а
к о к о с
в о д о к р а с
о л ь х а

(по вертикали: в о д а)

54 Крапива— крововостанавливающее. Тысячелистник — противовоспалительное. Липа — потогонное. Зверобой — от 99 недугов. Календула — антисептическое. Мята — успокаивающее. Полынь — улучшает пищеварение. Подорожник — ранозаживляющее. Одуванчик — повышает аппетит. Пустырник — успокаивающее.

55 **1.** Болиголов. **2.** Бересклет. **3.** Баранец. **4.** Белена. **5.** Багульник. **6.** Борщевик. **7.** Беладонна.

56

к о к о с
к е д р о в ы й
г р е ц к и й
а р а х и с

Я скачу по веткам
и грызу орешки

57 Медвежонку 12 месяцев, сестре 17 лет.

58

Белый гриб

Лисичка

Желчный гриб

Подберёзовик

Сыроежка

Бледная поганка

60

59

10 000 — столько видов грибов существует на свете.

65

Насекомое

Бабочка
Пчела
Жук

Откладывает яйца

Бабочка
Пчела
Жук
Индюк
Ласточка
Малиновка
Черепаха
Ящерица
Ястреб

Отсутствуют ноги

Кит
Моллюск
Окунь
Улитка

Покрыто перьями

Индюк
Ласточка
Малиновка
Ястреб

Живет в воде

Кит
Моллюск
Окунь

Домашнее животное

Индюк
Козёл
Корова
Свинья

Есть панцирь

Моллюск
Черепаха

Есть крылья

Бабочка
Жук
Индюк
Ласточка
Малиновка
Ястреб

Быстро бегает

Лошадь
Олень

Есть рога или рожки

Лошадь
Олень
Улитка

Покрыто чешуёй

Окунь
Ящерица

Медлительное

Улитка
Черепаха

Очень сильное

Кит
Лев
Лошадь
Слон
Ястреб

Покрыто шерстью

Жираф
Козёл
Корова
Кошка
Лев
Лось
Лошадь
Олень
Тюлень

Длинные ноги

Жираф
Лось
Олень

Домашний питомец

Кошка
Черепаха

64 Паук. Огненная саламандра. Дождевой червь. Водомерка. Медуза. Китовая акула. Бегемот. Императорский пингвин.

66

Л	А	Н	М	К	А	Р	А	К	А	Т	И
Ч	Е	Г	О	Б	О	Г	О	М	О	Л	Ц
О	Р	У	Л	Л	Ю	С	К	П	Ч	Е	А
С	В	С	К	О	Р	А	С	Т	Р	Л	А
Ь	Я	Т	Г	Р	Е	Л	А	К	Е	Д	К
М	К	У	Л	И	Б	Л	Г	Т	К	А	Р
И	Н	О	Г	Т	Е	К	И	И	О	Ф	А
К	М	Р	О	К	Ш	Л	Д	Н	З	Н	Б
А	Е	А	М	А	О	О	Р	И	А	И	Я
Л	Д	К	А	Р	К	П	А	Я	Г	У	Б
Ь	У	З	А	К	Р	Е	В	Е	Т	К	К
М	А	Р	М	О	К	Р	И	Ц	А	А	А

68

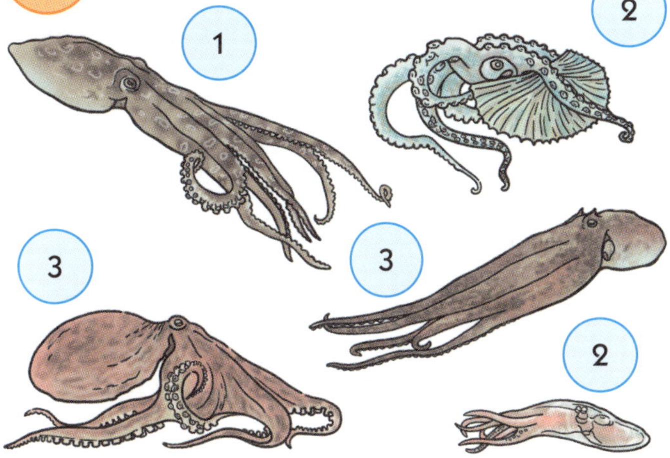

67 На Земле существуют **15** тысяч видов двустворчатых моллюсков и 85 тысяч брюхоногих моллюсков.

Двустворчатые Брюхоногие

69

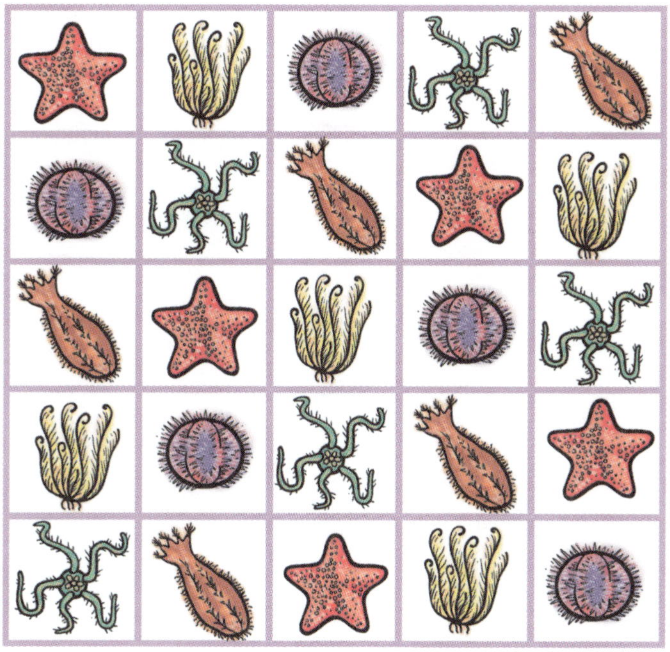

70 Паук бегает по своей паутине только по гладким радиальным нитям, а не по клейким круговым.

71

73

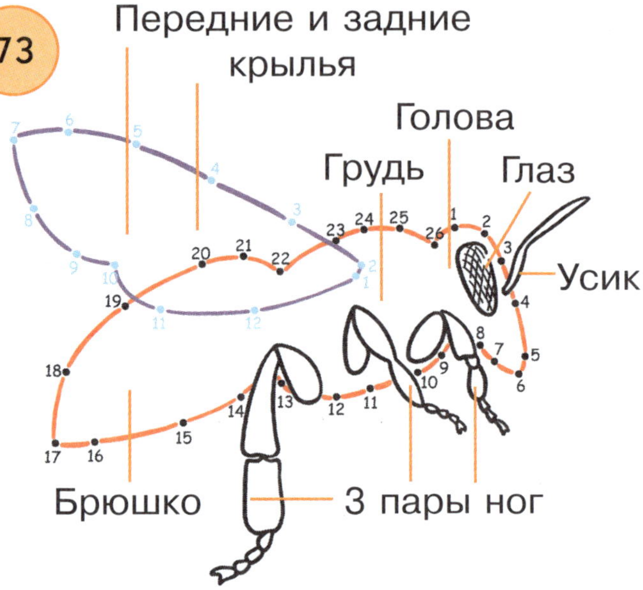

72

Прямокрылые (кузнечики, саранча, сверчки)

Бабочки, или чешуекрылые

Стрекозы

Длинное брюшко, разноцветно окрашенное; очень маневренно в полёте, обитает около прудов и рек, на голове большие глаза.

Это рекордсмены по прыжкам, с длинными усами, а уши у них находятся на ногах.

У них две пары крыльев, верхняя из которых — плотная и жесткая, нередко ярко окрашенная, а нижняя пара — это тонкие полупрозрачные крылья, с помощью которых насекомое летает.

Их большие крылья покрыты красочным рисунком, составленным из чешуек-призмочек. Питаются нектаром.

Есть жало, две пары полупрозрачных крыльев, многие из них живут большими семьями.

Одна пара крыльев; многие из этих насекомых — кровососущие.

Двукрылые (комары, мухи)

Жуки, или жёсткокрылые

Перепончатокрылые (пчёлы, осы, муравьи)

74

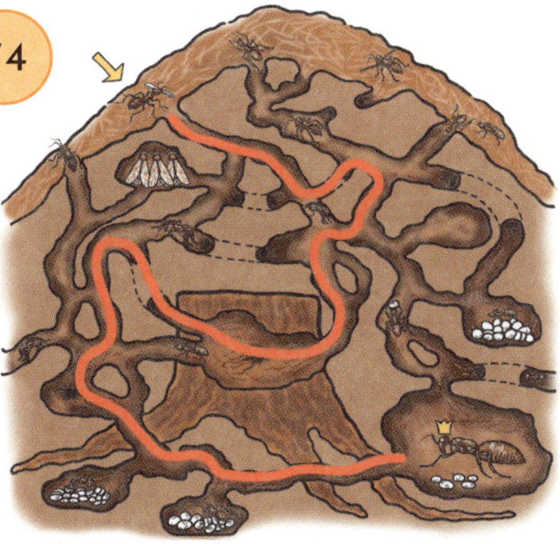

75 Жук-голиаф 15 см, жук-геркулес 11 см.

76

79

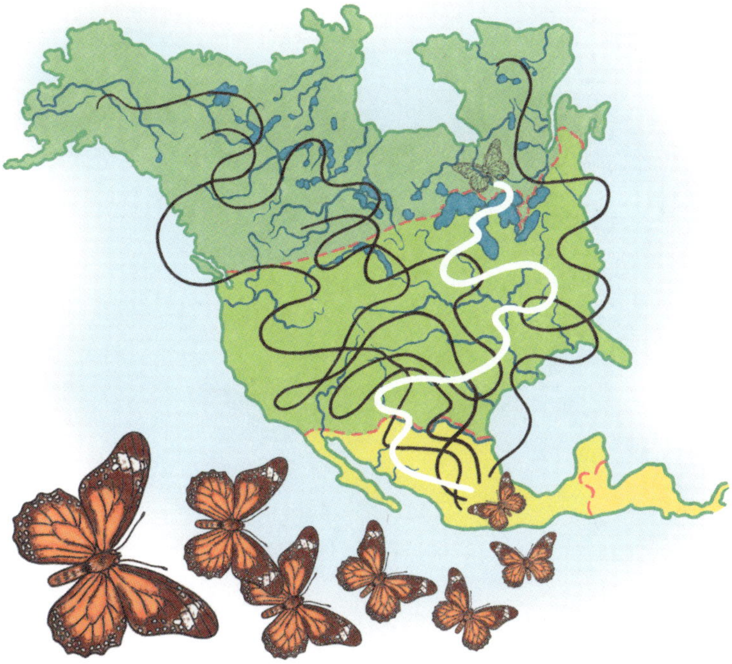

81

82 ДА: 1, 4–6.
НЕТ: 2, 7.

83

84

85

Щука обыкновенная
Большая корифена
Рыба-курок
Рыба-хирург
Рыба-солнце
Американский чешуйчатник
Синий марлин
Рыба-курок
Рыба-солнце
Синий марлин
Щука обыкновенная
Американский чешуйчатник
Большая корифена
Рыба-хирург

86

Е	С	Н	О	Ж	С	А	Л	А	М
Ч	Л	Я	Ч	Е	Р	Л	Я	Н	А
П	Й	Г	Н	И	Ц	А	К	К	Н
Р	У	У	Ш	К	А	Т	Р	А	Д
О	Т	А	К	А	Ш	Р	Е	А	Р
Ч	А	Б	В	А	К	И	С	Т	О
Е	Ж	У	Г	Л	О	Т	О	Н	В
Р	В	Я	Г	А	З	У	Б	А	К

87

88

- ЯДОЗУБ
- ВАСИЛИСК
- АГАМА
- ГАВИАЛ
- ГЕККОН

89

90

92 26 яиц.

95 200 лет. (5 + 7 + 8 + 10 + + 11 + 13 + + 16 + 17 + 19 + + 20 + 23 + + 24 + 27 = 200.)

96

Ж	Ц	Ф	Щ	Л
А	Г	Э	Э	Ж
Х	Р	К	У	З
Л	Е	Ф	Ш	П
С	В	Х	Х	Л
Х	М	О	Д	И
П	У	Б	Щ	З
Ж	Ч	Э	А	Т
И	А	Р	Х	О
Л	Я	Х	В	Ж
Д	В	А	Э	З
З	М	Е	Я	Н

99 Комсогнат.

100 Гриф, филин, нанду, удод, дрофа, альбатрос, скворец, цапля, ястреб, баклан.

101 **1.** Птицы — теплокров-кровные животные.

2. Перья сохраняют тело птицы сухим и теплым.

3. Птицы дышат через клюв.

4. Птица использует свой клюв, чтобы добывать себе еду.

5. Птенцы вылупляются из яиц.

100 1-е, 2-з, 3-ж, 4-в, 5-а, 6-д, 7-б, 8-г.

97

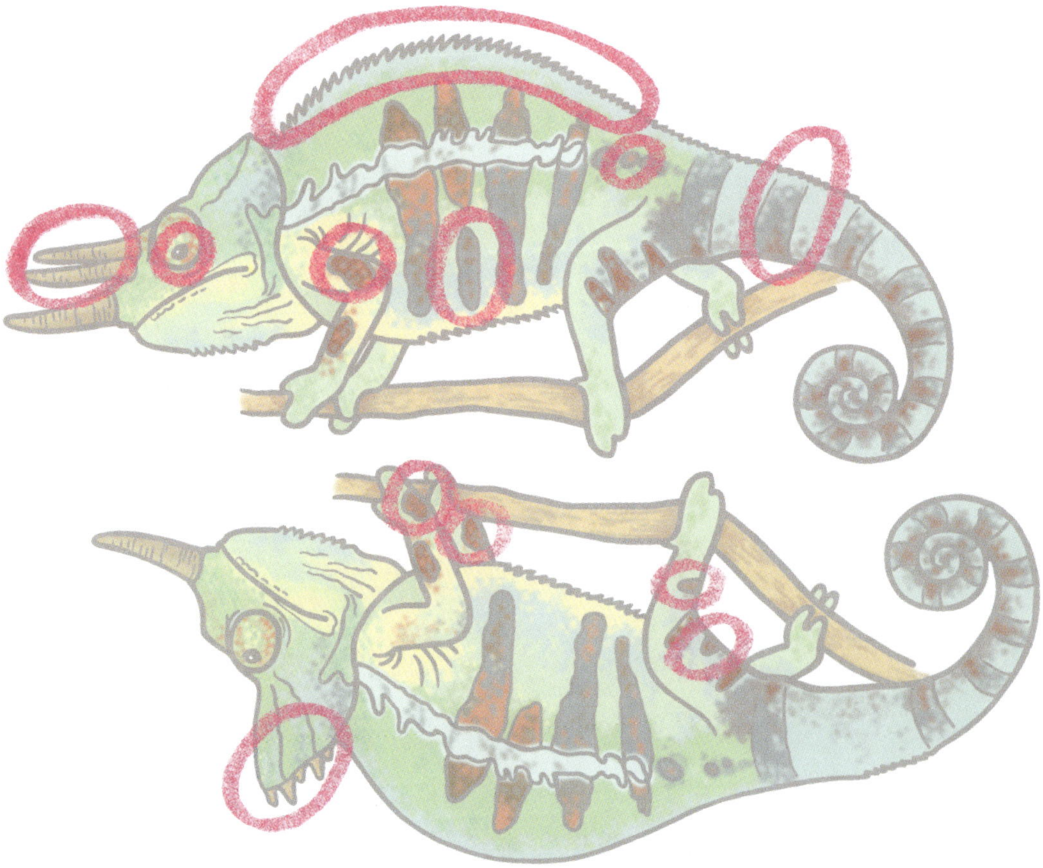

106

108

109 Полтора метра.

110 Название плод получил за внешнее сходство с новозеландской птичкой.

111

113

117

Ш	Д	И	К	О	Л	Е	О	П	А
А	К	Л	О	Б	Р	А	З	К	Р
О	А	Е	Р	А	Н	Г	У	О	Д
П	Л	М	У	Р	М	Е	Т	А	Л
О	С	А	Г	Л	У	Х	А	П	А
У	С	М	А	И	Р	И	Н	А	Н
Т	У	М	Д	Р	А	Д	Н	А	Д
К	О	Н	О	С	В	Ь	Е	Д	А

118

ОВЦЕБЫК — У них самая длинная шерсть из всех обитающих на Земле зверей. На спине — до 16 сантиметров, а на шее и груди — до 90 сантиметров.

ЛЕНИВЕЦ — Самый медлительный зверь: с одной ветки на другую он может перебираться больше получаса.

РЫСЬ — Может уничтожить за год до двух тысяч полёвок, вредителей посевов.

ЛАМАНТИН — У него самое маленькое сердце (относительно веса тела) среди млекопитающих. Оно весит в тысячу раз меньше, чем его тело.

КОАЛА — На языке австралийских аборигенов его название означает «не пьющий воду».

БОБЁР — Перегрызает ствол ивы толщиной 12 см за 5 минут.

120

119

(2)

ИРБИС
ГИЕНА
КАЛАН
РЫСЬ
КОЙОТ
ГЕПАРД
СОБОЛЬ

МАНГУСТ
ЛЕОПАРД
ВЫДРА
ЦИВЕТТА
ФЕНЕК

(Выделенные буквы: БЕЛЫЙ МЕДВЕДЬ)

(1)

ЛЕВ
СОБАКА
РОСОМАХА
ВОЛК
ШАКАЛ

(Выделенные буквы: ЛАСКА)

121

128 **1.** Б — корова; **2.** О — змея; **3.** Л — вол; **4.** Ь — лошадь; **5.** Н — тигр; **6.** О — крыса; **7.** З — собака; **8.** А — верблюд; **9.** В — енот; **10.** Р — слон. БОЛЬНОЗАВР.

129 6 метров (4 + 8 + 10 + 14 + + 15 + 19 + 24 = 94. 100 – 94 = = 6.)

122

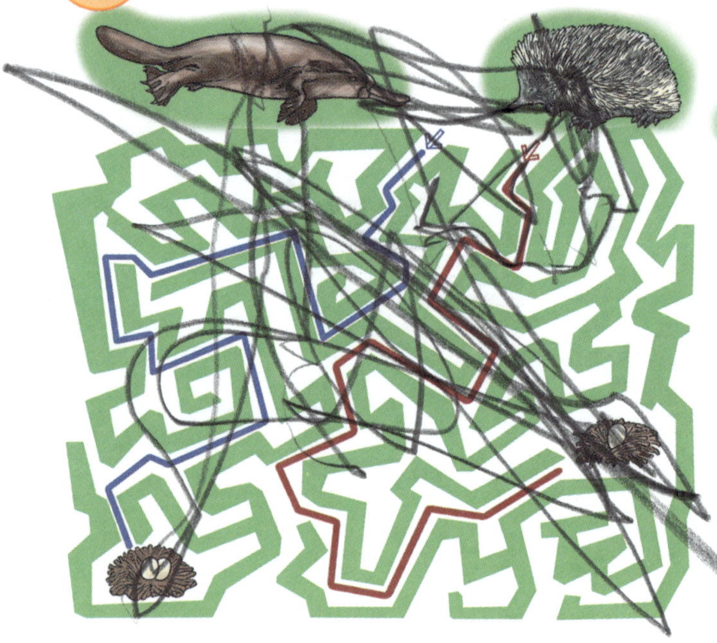

123

		Т	А	П	И	Р
	Л	А	Н	Ь		
З	У	Б	Р			
О	К	А	П	И		
	Б	А	Р	А	Н	
	Г	Н	У			

О	Р	И	К	С			
Б	У	Й	В	О	Л		
К	А	Б	А	Р	Г	А	
			Г	А	У	Р	
С	А	Й	Г	А	К		
		К	А	Н	Н	А	

130

к	с	и	п
с	и	а	й
о	и	м	н
у	ш	в	н

с	д	е	т
ж	к	л	е
и	а	к	и
о	т	м	в

124

Антилопа канна

Орикс

Лось

Жираф

Северный олень

Винторогий козёл

Буйвол

131

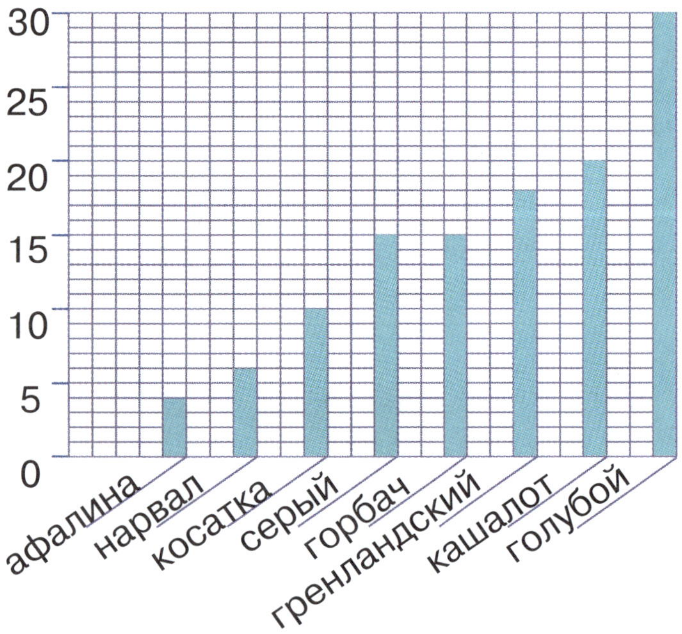

132 Пресмыкающиеся: кожистая черепаха, морская черепаха.

Рыбы: акула, кит, морской конёк, скат, угорь.

Млекопитающие: дельфин, дюгонь, морж, тюлень.

Ракообразные: краб, креветка, лобстер.

Моллюски: кальмар, морской моллюск, осьминог, устрица.

133 Морские: актиния,губка, каменный краб, кашалот, коралл, медуза, морская звезда, морской ёж, омар, синий кит, скат.

Пресноводные: жук-плавунец, карась, карп , килька, краснопёрка линь, мурена, налим, озёрная лягушка, окунь, пескарь , пиявка , плотва , речной рак, рыба-бабочка, рыба-луна , рыба-пила , рыба-игла, сом, судак, трёхиглая колюшка, тритон, уж.

134

135 Перепел.

136

137

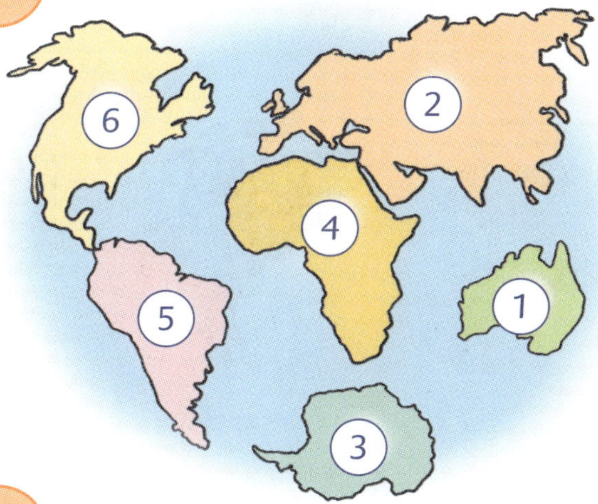

138

139 Делают запасы: белка, бурундук, ёж, медведь бурый, мышь, сойка.

Активны: волк, заяц, косуля, лиса, лось, олень, сова.

Мигрируют: гусь, журавль, кулик, ласточка.

Впадают в спячку: барсук, медведь бурый, сурок.

140

141

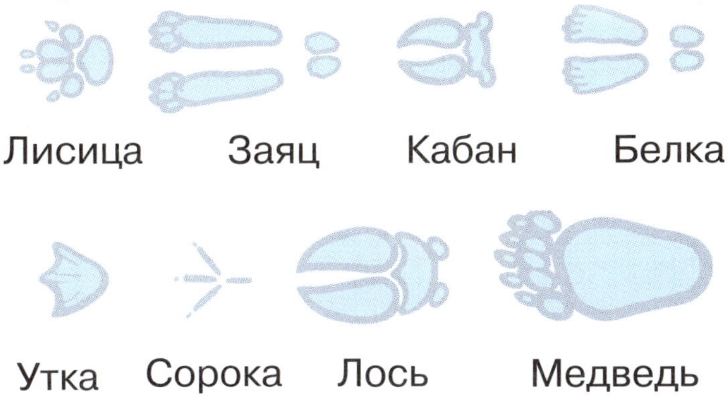

144

142

153

ж у к - у с а ч
л и р о х в о с т
в о л к
к о с у л я
а и с т
п е н о ч к а
м ы ш ь
п ч е л а

п е т у х м о р с к о й
п о п у г а й
к у з н е ч и к
в ы п ь
б е к а с
л и с а
ф и л и н
д я т е л
н е я с ы т ь

154

- Ухо, рот, пальцы рук, кисть

- Глаза, пальцы рук, кисти

- Руки, пальцы рук, кисть

- Глаза, рот, нос

- Рот, пальцы рук, кисть, рука

- Глаза, кисть, пальцы рук и ног, руки, ступни, ноги

155

156

Ц	С	Е	Р	Д	Ц	Е	Д	С	Е
О	К	Е	Г	С	И	Л	Ю	Т	Н
П	Е	Г	О	Л	О	В	А	У	О
Я	Л	Л	Р	А	Ш	К	Ф	П	Б
Б	Е	А	Л	К	Я	Л	Д	Н	И
К	Т	З	О	Р	У	К	А	Я	Ж
О	В	А	З	О	М	О	З	Г	И
Ж	И	У	Г	В	Н	С	У	Л	К
А	М	Э	Р	Ь	И	Т	Б	Е	Е
З	С	Щ	Ь	Е	Е	Ь	Ы	Г	З
М	Ы	Ш	Ц	Ы	Б	Т	О	К	П
Ж	Е	Л	У	Д	О	К	У	И	С
Н	Р	Х	А	М	Ф	О	К	Е	Л

157

- МОЗГ
- КОЛЕНО
- ЖЕЛУДОК
- СЕРДЦЕ
- ЛЁГКИЕ
- КОСТИ
- ГОРЛО
- ПОЧКИ

158

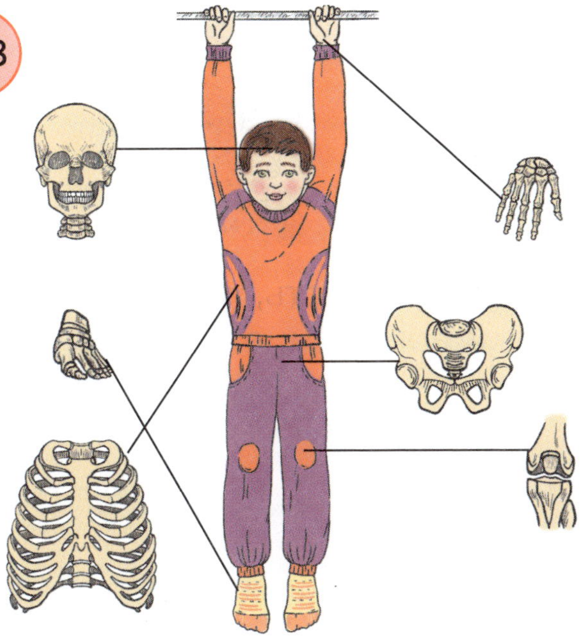

159

161

- рука, кисть

164

7 лет.

1. 565 мышц находится в теле. **2.** 40% массы тела занимают мышцы. **3.** У человека 12 мимических мышц.

165

Береги платье снову,
а здоровье — смолоду.

170

В среднем человеке весом 65 килограммов 5 литров крови.

Кровеносные сосуды могут «обогнуть» Землю около 4 раз вокруг экватора.

Мы вдыхаем каждый день около 19 000 литров воздуха.

Когда мозг достигнет веса почти в 1,1 килограмма, человеку будет 16 лет.

Тонкая кишка достигает длины 7 метров.

В черепе 22 кости.

Человек съедает в течение своей жизни 25 000–40 000 килограммов еды.

В нашем теле 206 костей.

171

По горизонтали: 1. Горло. **2.** Кислород. **3.** Мозг. **4.** Сердце. **5.** Отдых. **6.** Кровь. **По вертикали: 1.** Желудок. **2.** Кости. **3.** Лекарство. **4.** Микробы. **5.** Лёгкие. **6.** Почки.

173

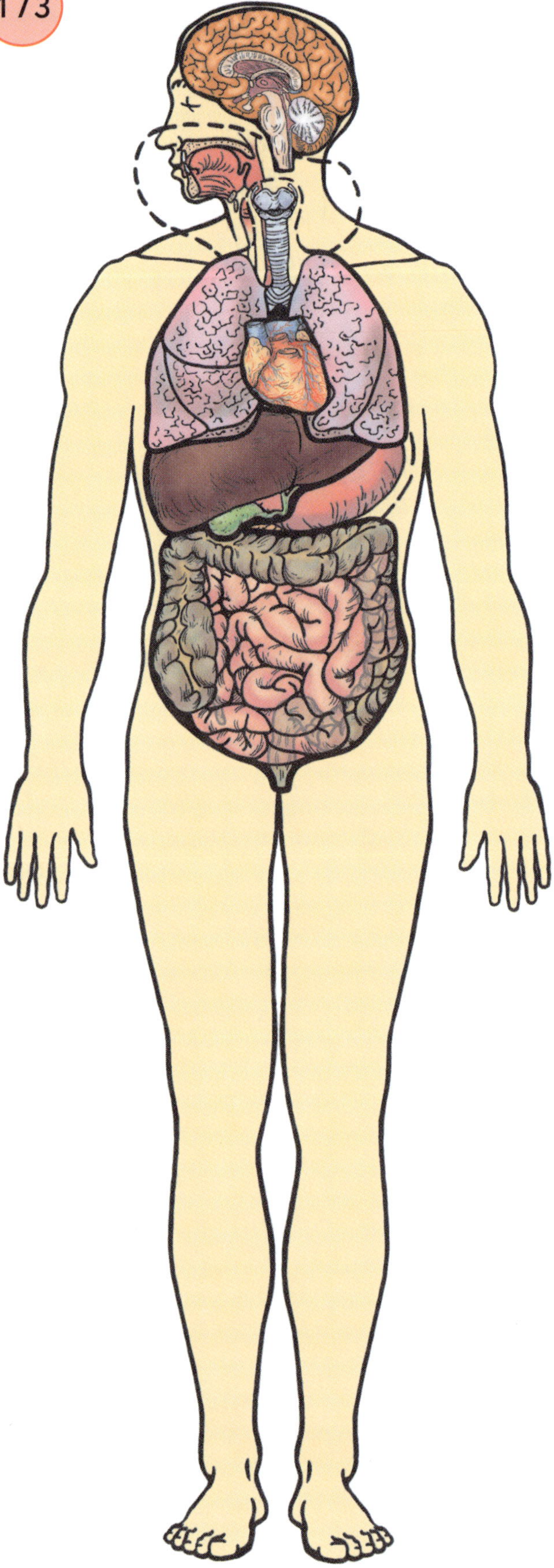

178

Ф	Р	Т	В	С	О
С	У	К	О	Р	К
Ы	Р	Т	Ы	О	О
М	К	И	Р	Г	В
Я	Е	Ф	И	Щ	О
С	О	М	Ё	Д	Н

179

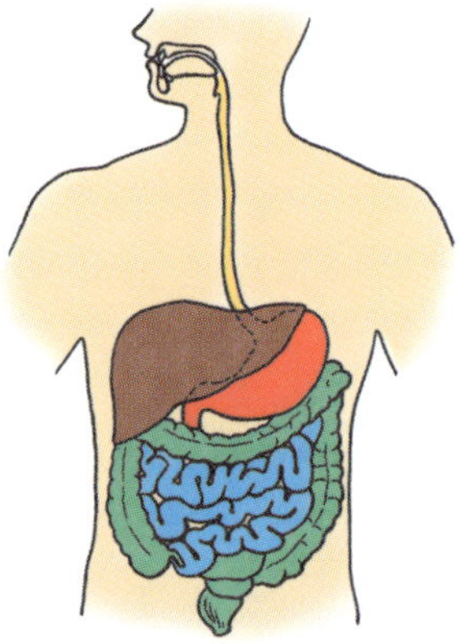

- ПИЩЕВОД
- ЖЕЛУДОК
- ТОНКАЯ КИШКА
- ПЕЧЕНЬ
- ТОЛСТАЯ КИШКА

190

191

192

1.

2. Линии прямые.

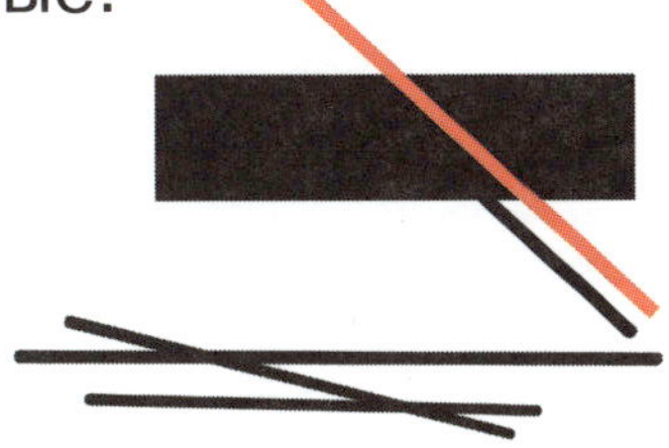

194

СЛАДКИЙ

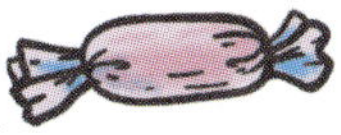

Малина Груша Конфета

Рябина

ГОРЬКИЙ

Грейпфрут Полынь

СОЛЁНЫЙ

Соль Солёные огурцы Солёная рыба

КИСЛЫЙ

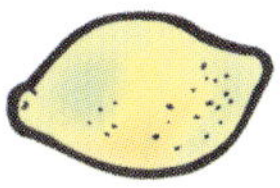

Крыжовник Лимон Клюква

Хурма Черёмуха Тёрн

ВЯЖУЩИЙ

Лук

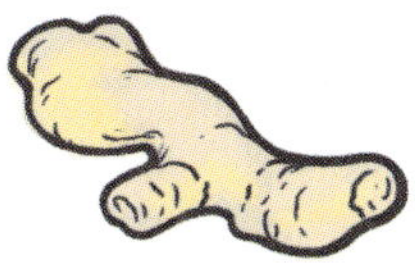

ЖГУЧИЙ

Перец Имбирь

195

Гром
Скрип
Шуршание
Хлюпанье
Звон
Гул
Хлопóк
Журчание
Хруст
Шелест
Треск

196

Сухой
Мокрый
Грубый
Нежный
Мягкий
Твёрдый
Шероховатый
Гладкий
Тёплый
Хододный
Острый
Тупой

197 6 человек.

198 Есть мытые овощи и фрукты.
Принимать водные процедуры.

Есть здоровую пищу.

Делать зарядку.

Пить чистую воду.

Чистить зубы.

Проветривать комнату перед сном.

Ложиться спать не позже 10 часов вечера.

200

МОЛОЧНЫЕ ПРОДУКТЫ	МЯСО, РЫБА
Творог	Ветчина
Сыр	Колбаса
Йогурт	Селёдка
Кефир	Цыплёнок

СЛАДОСТИ	ЗЛАКИ, КРУПЫ
Пирожное	Батон
Зефир	Гречка
Конфеты	Пирог
Торт	Пшено

ФРУКТЫ	ОВОЩИ
Ананас	Горох
Апельсин	Кабачок
Виноград	Морковь
Груша	Редис

201

203 1. 4 порции.

2. На 1 порцию.

3. Аня.

4. 3 порции.

5. На 1 порцию.

6. Нужно на 1 порцию больше.

7. Боре нужно есть меньше фруктов на 1 порцию, а Ане нужно есть на 1 порцию больше овощей.

8. Хлеб, злаки.

Содержание

Земля

Растения

Животные

Содержание

Человек

Содержание